高等职业教育铁道运输类

高速铁路客运服务专业校企合作系列教材

高速铁路客运安全与应急

主　编　王　慧　赵　明

副主编　马海漫　王晓雯　周宏达

北京交通大学出版社

·北京·

内容简介

“高速铁路客运安全与应急”是高等职业学校铁道运输类高速铁路客运服务专业教学标准中设置的一门专业核心课程。本书根据最新客运规章内容编写，主要介绍了高速铁路客运安全基础、高速铁路客运安全与治安事件处理、高速铁路客运作业安全、高速铁路客运应急处置、高速铁路旅客病伤应急处置等知识。

本书既可作为高等职业学校高速铁路客运服务、铁道交通运营管理等相关专业的教材，又可作为铁路相关专业职工的培训教材及相关领域工作人员的参考资料。

图书在版编目（CIP）数据

高速铁路客运安全与应急 / 王慧，赵明主编. -- 北京：北京交通大学出版社，2025.6

ISBN 978-7-5121-3750-9

Ⅰ. ① 高…　Ⅱ. ① 王… ② 赵…　Ⅲ. ① 高速铁路-铁路运输-客运服务-安全管理-高等职业教育-教材　Ⅳ. ① U293.3

中国版本图书馆 CIP 数据核字（2021）第 237419 号

高速铁路客运安全与应急
GAOSU TIELU KEYUN ANQUAN YU YINGJI

责任编辑：解　坤
出版发行：北京交通大学出版社　　电话：010－51686414　　http：//www.bjtup.com.cn
地　　址：北京市海淀区高梁桥斜街 44 号　　邮编：100044
印 刷 者：北京华宇信诺印刷有限公司
经　　销：全国新华书店
开　　本：185 mm×260 mm　　印张：11.5　　字数：287 千字
版 印 次：2025 年 6 月第 1 版　　2025 年 6 月第 1 次印刷
定　　价：39.00 元

本书如有质量问题，请向北京交通大学出版社质监组反映。对您的意见和批评，我们表示欢迎和感谢。
投诉电话：010－51686043，51686008；传真：010－62225406；E-mail：press@bjtu.edu.cn。

前　言

|PREFACE|

中国高速铁路形成了满足各种运营条件的动车组系列产品，建成全面覆盖高速铁路行车安全和基础设施的数十种检测监测系统，运用大数据方法，评估分析高速铁路设备设施的运用、维护、检修信息，掌握服役状态和性能变化规律，为修程修制优化、故障预测、故障处置等提供技术支撑；坚持安全发展的理念，坚守发展绝不能以牺牲安全为代价的红线，把“万无一失”的理念贯穿高速铁路安全管理全过程，推动实施高速铁路“强基达标、提质增效”工程，强化人防、物防、技防“三位一体”的安全保障能力，确保高速铁路客运的安全。

“高速铁路客运安全与应急”是高等职业学校铁道运输类高速铁路客运服务专业教学标准中设置的一门专业核心课程。本书根据最新客运规章内容编写，共分为五个项目，主要内容包括高速铁路客运安全基础、高速铁路客运安全与治安事件处理、高速铁路客运作业安全、高速铁路客运应急处置、高速铁路旅客病伤应急处置。

本书既可作为高等职业学校高速铁路客运服务、铁道交通运营管理等相关专业的教材，又可作为铁路相关专业职工的培训教材及相关领域工作人员的参考资料。

本书由天津铁道职业技术学院王慧和中国铁路北京局集团有限公司安全监察大队天津安全监察队赵明任主编，济南市技师学院马海漫、中国铁路北京局集团有限公司天津客运段王晓雯和中国铁路北京局集团有限公司天津车务段周宏达任副主编。具体分工如下：赵明编写项目一；马海漫编写项目二；周宏达编写项目三；王慧编写项目四；王晓雯编写项目五。

由于编者水平有限，书中不妥之处，敬请批评指正。

编者

2025 年 3 月

目　录

|CONTENTS|

项目一　高速铁路客运安全基础

项目二　高速铁路客运安全与治安事件处理

项目三　高速铁路客运作业安全

项目四　高速铁路客运应急处置

项目五　高速铁路旅客病伤应急处置

项目一

高速铁路客运安全基础

项目描述

高速铁路旅客运输是一项服务性很强的工作，必须从一切为人民服务的立场出发，通过采用先进的技术装备和科学的管理方法，周密地组织旅客运输，最大限度地满足人民群众的旅行需求，安全、快速、便捷、舒适、经济地将旅客送到目的地。本项目主要介绍高速铁路客运安全保障、高速铁路客运安全相关规定和高速铁路客运人员人身安全的相关知识。通过本项目的学习，学生能够掌握高速铁路客运安全的基础知识。

任务一

高速铁路客运安全保障认知

知识目标

掌握高速铁路客运的特点及高速铁路客运安全的特点，掌握高速铁路客运安全保障体系。

能力目标

能对高速铁路客运安全保障有初步认识。

相关知识

一、高速铁路客运概述

旅客运输（简称“客运”）是现代交通体系的一个重要组成部分。旅客运输的目的是为人们进行经济、文化等社会活动和生活提供必要的出行条件。发达的旅客运输可促进国民经济和社会的发展，且必须超前发展，它在社会和经济发展中处于先行的地位。

（一）高速铁路客运的特点

1. 高速铁路客运的主要服务对象

高速铁路客运的主要服务对象是旅客，其次是高速铁路快件运输。通过售票工作，把旅客组织起来并最大限度地满足他们在旅行中的物质、文化、生活需求，集人、车、路、站于一体，主要以提供劳务的形式为旅客服务。

2. 高速铁路客运生产产品

高速铁路客运生产向社会提供的是无形产品，其核心产品是旅客的空间位移服务。它被旅客本身所消耗，其使用价值具有不确定性，其创造的社会经济效益远大于自身的经济效益。

3. 高速铁路客运时间上的波动性

高速铁路客运在时间上有较大的波动性，季、月、周、日和一日内各时段之间常会出现急剧的起伏变化。为此，对客运技术设备、客运能力、车辆等必须留有一定的后备，在不同的客运量峰值期采用不同的客运组织方式。

4. 高速铁路客运站舍位置

高速铁路客运站舍宜设在客流易于集散处，使旅客便于换乘不同的交通工具。

5. 旅客在旅行中的物质、文化、生活需求

旅客在旅行中有不同的物质、文化、生活需求（如饮食、盥洗、休息，以及适宜的通风、照明、温度等），旅客运输企业不仅应满足这些需求，而且应积极改善、创造良好的旅行环境并提供优质的服务，使旅客心情愉悦。

（二）高速铁路客运的任务

高速铁路客运在党的方针、政策指引下，根据客运市场经济的发展规律，以旅客需求为中心，服从并服务于国民经济可持续发展战略的需求，从基本国情出发，以运输市场的需要为依据，优化运输体系结构，合理配置资源。依靠科技进步，提高劳动者素质，加快客运事业的发展，满足全体国民出行的需求。

（1）认真贯彻执行党和国家的有关方针、政策、法令及交通运输的各项规章制度，同时通过客运工作与旅客广泛接触，热情宣传党和国家的各项方针政策。

（2）制定旅客运输发展规划，不断开辟、拓宽客运市场，构建与经济发展相适应的客运网。

（3）充分发挥现有的交通设施作用，合理配置运力，千方百计提高客运交通总供给。

（4）为旅客服务，对旅客负责，以旅客需求为导向，积极开展营销活动，努力提高客运服务质量，做到想旅客之所想、急旅客之所急、帮旅客之所需，保证优质服务。

（5）组织不同客运方式间的联运，开展跨省跨区的联合经营，形成旅客直达运输。

（6）加强科学管理，提高经营水平，在做好旅行服务的前提下，提高客运企业的经济效益，积极为铁路建设积累资金。

（7）根据党和国家在一定时期的中心工作以及国民经济发展的要求，完成各种临时性的紧急任务。

（8）加强对客运职工的政治思想教育及业务技术培训工作，不断提高职工素质和企业整体素质，为实现旅客运输系统的现代化积极创造条件。

二、高速铁路客运安全的特点

高速铁路安全技术的发展，包括设备安全性能改进、人员安全素质提高、环境安全质量改善和安全管理水平提高，都是以对高速铁路客运安全的普遍性和特殊性的认识为基础的。

（一）高速铁路客运安全的普遍性

伴随生产而存在的安全问题，对于所有的技术系统都具有普遍的意义，铁路运输系

统也不例外。

1. 安全的系统性

安全涉及技术系统的各个方面，包括人员、设备、环境等因素，而这些因素又涉及经济、政治、科技、教育和管理等许多方面。对于铁路运输这样的开放系统，安全既受到系统内部因素的制约，也受到系统外部环境的干扰。事故不仅可能造成系统内部的损害，而且可能造成系统外部环境的损害。因此，研究和解决安全问题应从系统观点出发，运用系统工程的方法进行综合治理。

2. 安全的相对性

凡是人类从事的生产活动都有安全问题，所不同的只是发生事故的可能性有大有小，危害程度有轻有重。安全是相对的，不安全是绝对的，系统发生事故的可能性始终存在。事故是可以预防的，可利用安全系统工程的原理和技术预先发现、鉴别、判明各种隐患，并采取安全对策，从而防患于未然。

3. 安全的依附性

安全是依附于生产而存在的，它不可能脱离具体的生产过程而独立存在，只要存在生产活动，就会出现安全问题。安全是生产的前提和保障，安全工作做不好，生产便无法顺利进行。

4. 安全的间接效益性

要想保证生产安全必须在人员、设备、环境和管理方面有相应的、适时的安全投入，但安全投入所产生的经济和社会效益却是间接的、无形的，难以定量计算。事实上，安全的效益除了体现在减少事故的直接和间接经济损失外，更重要的是体现在提高人员素质、改进设备性能、改善环境质量和加强生产管理等方面所积极创造的经济和社会效益。

5. 安全的长期性

人对安全的认识在时间上往往是滞后的，不可能预先认识到系统存在和面临的各种危险，并且即使认识到了，有时也会由于受到当时技术条件的限制而无法予以控制。随着技术进步和社会发展，旧的安全问题解决了，新的安全问题又会产生，所以安全工作是一个长期的过程，必须坚持不懈、始终如一。

6. 安全的艰巨性

高技术总是伴随着高风险，随着现代科学技术的发展，各种技术系统的复杂化程度增加了。以高速铁路运输系统为例，在规模、速度、设备和管理上都发生了极大的飞跃，一旦发生事故，其影响之大、伤亡之多、损失之重、补救之难，都是传统运输方式不可比拟的。事故是一种小概率的随机偶发事件，仅仅利用已有的事故资料不足以及时、深入地对系统的危险性进行分析。因此，认识事故机理、不断揭示系统安全的各种隐患是一项艰巨的任务。

（二）高速铁路客运安全的特殊性

由普遍性与特殊性的关系可知，普遍性寓于特殊性之中，特殊性离不开普遍性，高速铁路客运安全具有行业特殊性。

1. 高速铁路客运安全的动态性

动车组列车在固定轨道上的定向运动，是高速铁路客运最显著的特点，一系列高速铁路客运安全问题（如轮轨作用、弓网作用、列车速度控制和进路控制等）都是围绕动车组列车在轨道上的定向运动而展开的。

2. 高速铁路客运安全失控的严重性

处于高速运动状态的列车，一旦发生设备异常或人为操作失误，可供纠正和避免事故的时间很短，可供选择的应急方式也很有限。铁路线路、机车、车辆等硬件设备的成本很高，列车对旅客的承载量很大，事故不仅会造成巨大的财产损失、人员伤亡和环境破坏，而且会因运输中断而波及路网，打乱运输秩序，影响社会生产和运输的全局。

3. 高速铁路客运安全问题的重复性

高速铁路运输生产具有连续性、周期性和季节性的特点，伴随着生产的各种事故和不安全状况常常是重复发生的，如年复一年的春运、暑运、防洪、防寒等安全问题。

4. 高速铁路客运安全对管理的依赖性

高速铁路犹如一台大联动机，是复杂的人机动态系统，其运输生产过程是由车、机、工、电、辆等多工种联合的多环节作业过程，具有设备数量庞大、种类繁多、设备布局的网络状态和作业岗位独立分散的特点，各工种和各环节的协同配合都离不开严格有效的管理。因此，高速铁路客运安全在很大程度上取决于管理的效能。

5. 高速铁路客运安全的复杂性

高速铁路客运安全受外部环境的影响很大，难以预测和控制。高速铁路客运生产是在一个开放的环境中进行的，其过程有较大的空间位移和较长的时间延续，自然环境（如雨、雾、风、雪及各种自然灾害等）对运输安全均有不利影响。社会治安、社会风气及社会政治经济状况等与运输安全状况密切相关，并且难以预测和控制。因此，铁路运输环境安全的综合治理涉及面广、难度大。

三、高速铁路客运安全影响因素

高速铁路运输系统是一个在时间、空间上分布很广的开放的动态系统，铁路运输安全影响因素错综复杂，涉及面很广。从系统论的观点出发，与运输安全有关的影响因素可以划分为 4 类，即人员因素、设备因素、环境因素、管理因素。

（一）人员因素

自动化系统也不可能完全避免人的介入，不可能完全不受人的操纵和控制。绝大多数事故的发生均与人的不安全行为有关。在铁路运输安全方面，各项活动都依赖人的行为，人员操纵、控制、监督各项设备，完成各项作业，与环境进行信息交流，与其他作业协调一致，人员因素在运输安全中起着关键的作用。

1. 影响铁路运输安全的人员分类

1）运输系统内人员

运输系统内人员主要指车务、机务、工务、电务、车辆、安监、客运、工程、给水、供电等部门的各级领导人员、专职管理人员和基层作业人员，他们是保证运输安全的最关键人员。他们的思想品质、技术业务水平、生理及心理素质等不适应铁路运输工作的要求，往往是酿成事故的重要原因。

2）运输系统外人员

运输系统外人员主要指旅客、铁路沿线居民、机动车驾驶人员等。

2. 人对运输安全的特殊作用

人对运输安全的特殊作用可归纳为以下 3 点。

1）人的主导性

在人和设备的有机结合体中，人是主导因素。设备必须由人来设计、制造、使用和维护，即使是技术状态良好的安全设备，也只有通过人的正确使用，才能发挥作用。

2）人的主观能动性

当情况突然发生变化时，人能立即采取相应的措施和灵活的方法，排除故障等不安全因素，使系统恢复正常运转。只有人才具有主观能动性，从而具有合理处理意外情况的能力。

3）人的创造性

人能够通过研究和学习，不断提高现有系统的安全水平。

3. 运输安全对人员的素质要求

影响铁路运输安全的人员因素，是指人员的安全素质，包括思想素质、技术业务水平、生理及心理素质、群体素质。

（二）设备因素

铁路运输设备是除人员之外，影响运输安全的另一个重要因素。质量良好的设备既是运输生产的物质基础，又是运输安全的重要保证。

1. 与运输安全有关的设备

1）运输基础设备

运输基础设备包括固定设备（线路设施、站场设施、供电系统等）和移动设备（机车车辆、动车组、辅助移动设备等）。

2）运输安全技术设备

运输安全技术设备主要包括安全监控设备、安全检测设备、自然灾害预警防治设备、事故救援设备和其他辅助安全设备。

2. 影响运输安全的设备因素

1）设计安全性

设计安全性包括设备的可靠性、可维修性、可操作性（人机工程设计）、先进性等。

2）使用安全性

使用安全性包括设备的运行时间、维护保养情况等。设备运行时间越短，设备越新，其使用安全性越好；设备维修保养得越好，使用安全性也越好。反之，则相反。

（三）环境因素

影响运输安全的环境条件包括内部小环境和外部大环境两部分。

1. 内部小环境

铁路运输系统是一个非常复杂的宏观大系统，它是由系统硬件（运输基础设备和运输安全技术设备）、系统工作人员（运输系统内的各级管理人员和基层作业人员）、组织机构（管理机构、运行机构、维修机构等）、社会经济因素（政治、经济、文化、法律等）等相互作用而构成的系统。对于微观的人－机器－环境系统而言，内部小环境通常是指作业环境和内部社会环境。作业环境，即作业场所人为形成的环境条件，包括周围的空间和一切生产设施所构成的人工环境。通过管理所营造的运输系统内部社会环境，是指运输系统内部的政治、经济、文化、法律等环境。

2. 外部大环境

影响运输安全的外部大环境包括自然环境和社会环境。自然环境是指自然界提供的人类一时难以改变的生产环境，对运输安全影响很大。铁路线路暴露在大自然中，经常遭受暴雨、洪水、风沙、泥石流、地震等自然灾害的威胁。在各种自然灾害中，最常见的是暴雨、洪水，它们严重影响运输安全，危害极大。

社会环境包括社会的政治环境、经济环境、技术环境、管理环境、法律环境、社会风气、家庭环境等，它们对铁路运输安全均有不同程度的影响，较为直接的是铁路沿线治安和站车秩序状况。

影响运输安全的环境因素如图1－1－1所示。

（四）管理因素

1. 铁路运输安全管理

铁路运输安全管理是指为了有效地减少运输事故及由运输事故所引起的人和物的损失而进行危险控制的一切活动。

铁路运输安全管理的主体是运输系统的各级管理人员。铁路运输安全管理的对象是人、财、物、信息等。铁路运输安全管理的方法是计划、组织、指挥、协调和控制。

铁路运输安全管理的本质是充分发挥人的积极性和创造性，调动一切积极因素，促使各种矛盾向有利于运输安全的方面转化。

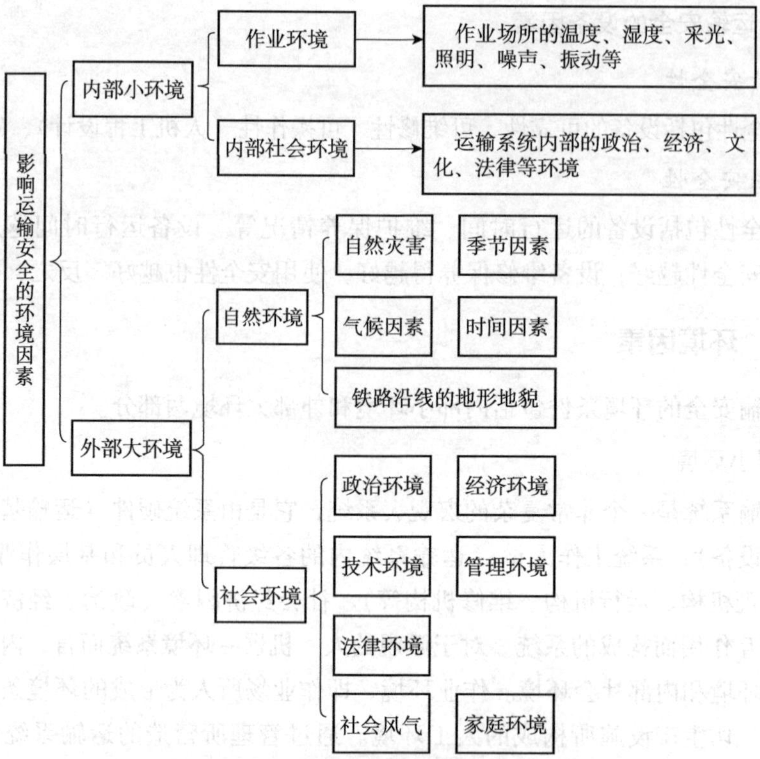

图 1－1－1　影响运输安全的环境因素

2. 管理对运输安全的重要性

管理具有计划、组织、指挥、协调、控制的职能，管理使人、机器和环境组成一个能够有效实现预期目标的系统。虽然人、机器、环境往往是造成事故的直接原因，但它们都是受管理要素支配的，所以安全工作的关键是管理。

影响运输安全的管理因素（如图 1－1－2 所示）很多，主要有安全组织、安全法制、安全信息、安全技术、安全教育和安全资金等。

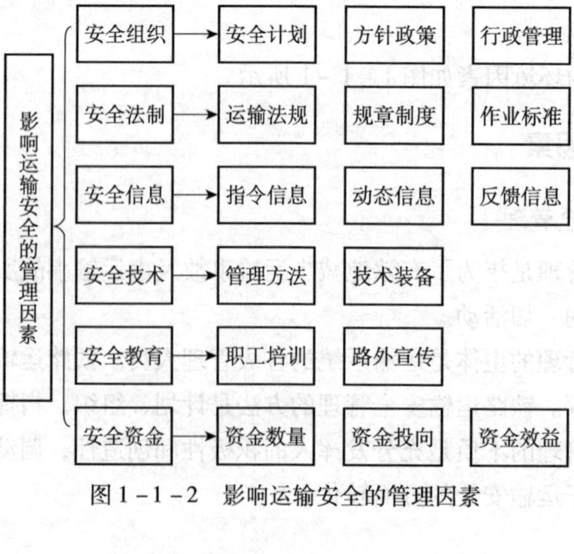

图 1－1－2　影响运输安全的管理因素

四、高速铁路客运安全风险管理

就安全生产而言，安全生产风险有广义和狭义之分。广义上讲，与安全有关的风险都称为安全生产风险。狭义的安全生产风险则表示，在未来的或一定的时间内，人们为了确保安全生产而可能付出的代价，包括由于采用安全技术措施而投入的人力、物力、财力等安全生产支出可能获得的安全生产收益，或者没有适当的安全生产投入可能付出的人身伤害、财产损失、环境破坏和社会影响等代价。

（一）风险的概念与表征

1. 风险的概念

风险广泛存在于社会生产与生活之中。一般来说，风险就是指危险、危害事件发生的可能性与后果严重程度的综合度量。风险大小可以用风险率（R）来衡量。风险率等于事故发生的概率（P）与事故损失严重程度（S）的乘积。

由于概率值难以取得，常用事故频率代替事故发生的概率，风险率公式可表示为：

风险率 =（事故次数/单位时间）×（事故损失/事故次数）= 事故损失/单位时间

式中，单位时间可以是系统的运行周期，也可以是一年或几年；事故损失可以表示为死亡人数、损失工作日数或经济损失等；风险率是两者之商，可以定量表示为百万工时事故死亡率、百万工时总事故率等，对于财产损失可以表示为千人经济损失率等。

基于上述定义，人们常用风险率、风险程度、个人风险、社会风险、事故次数、伤害人数、伤害概率和财产损失等风险判别指标来表示风险的存在及其大小。以风险程度指标为例，风险可以分为极显著、显著、轻微、不显著等四种情况。风险管理的过程，就是针对不同情况的风险采取相应的预防措施和控制措施，从而使风险降低至可以接受的程度。

2. 风险的表征

风险的表征是风险特有的一些特性，理解风险的表征有助于更好地理解风险管理理论的相关原理，有利于正确认识、识别风险。风险的表征主要表现在以下几个方面。

1）风险具有客观性

风险是客观存在的，是客观事物变化过程的特性，是不以人的意志为转移的、独立于人的主观意识而存在的，也非人为的努力可以完全消除的。随着认识和管理水平的不断提高，人们逐步发现风险的发生是具有一定规律性的，这种规律性为人们认识风险、估计风险、避免风险和管理风险提供了现实的可能性。

2）风险具有突发性

尽管风险的发生存在从渐变到突变的过程，但是由于认识的局限或疏忽，人们往往并未注意到风险因素的渐变过程，致使风险具有突发性，使人感到措手不及、难以应付。

3）风险具有损害性

风险往往会造成一定程度的损失，这种损失有时可以用货币衡量，有时却无法用货币衡量。例如，列车脱轨造成企业财产的损失，企业财产是可以用货币进行衡量的，但是事故造成的乘客死亡以及对乘客身体、心理上造成的伤害往往是无法用货币来衡量的。

4）风险具有不确定性

风险的不确定性（或随机性）主要表现在以下三个方面。

（1）空间上的不确定性。以动车组列车空调故障为例，动车组列车上的所有空调，都有发生故障的风险，具体到某一处某一节是否会发生故障，其结果是不确定的，即为空间上的不确定性。

（2）时间上的不确定性。以铁路一线职工受伤为例，职工总是面临着受伤的风险，但由于职工的健康状况、安全意识、工作环境等不同，每个职工所面临的风险也就不同，因而职工是否受伤以及受伤的时间是无法预知的，即为时间上的不确定性。

（3）损失程度的不确定性。损失程度的不确定性主要包括风险事故导致个人心理上的恐惧和焦虑、导致社会资源不能正常使用两个方面，这两个方面造成损失的程度往往是不确定的。

5）风险具有发展性

在不同的历史时期，各经济活动单位风险管理的内容也是不同的。一般来说，火灾有造成财产损失的可能性，暖气管道中的水结冰有造成管道爆裂的可能性等。同时，随着经济和科学技术的发展，一些产品在给人们的生活带来便利的同时，也使人们面临新的风险。例如，在现代经济条件下，人类面临着核污染、水污染、大气污染等造成人身和财产损失的风险。由此可见，随着人类活动和社会经济的发展，风险也是在不断发展的。

（二）高速铁路客运安全风险管理总体要求

坚持“安全第一、预防为主、综合治理”的方针，以确保旅客列车安全为重点，以推进安全生产标准化建设为载体，以落实安全生产责任制为保证，严格落实“作业标准化、管理规范化”，最大限度地消除和降低安全风险，使安全工作更具超前性、针对性和主动性，促进安全管理的规范化、系统化和科学化，从而达到预防、减少事故的发生和降低事故损失的目的。

（三）铁路客运安全风险管理工作目标

运用安全风险管理的理念和方法，全面识别、评价安全风险，制定控制措施，将安全风险管理和控制要求落实到安全生产岗位，逐步建立程序清晰、职责明确、适用有效的安全风险管理运行机制，形成机制健全、管理规范、覆盖全面的安全风险控制体系，从而实现安全风险全面受控、管理水平全面提升，确保运输安全持续稳定。

（四）铁路客运安全风险管理基本原则

1. 坚持结合实际、有效融合的原则

推行安全风险管理，必须尊重铁路安全工作规律，坚持长期以来行之有效的做法，用安全风险的理念和方法对安全管理加以规范，促进安全管理更加理性和科学。

2. 坚持分层分级、上下结合的原则

推行安全风险管理是一项系统工程，必须坚持逐级负责，发动干部职工自下而上全面识别安全风险，自上而下明确安全风险控制措施，把安全风险的管控责任落实到各层级、各岗位，实现全面、全员、全过程管理。

3. 坚持突出重点、有序推进的原则

推行安全风险管理要抓住当前影响运输安全的主要矛盾，围绕高风险环节、关键岗位，实施系统管理、过程控制。要按照循序渐进的要求，在实践中持续改进、不断完善，逐步实现全面覆盖，不断提高风险防控能力。

4. 坚持专业负责、综合保障的原则

要坚持管生产必须管安全，认真履行安全风险管理的主管责任，切实发挥牵头、指导、协调作用。保证监督检查、安全投入、资源配置等控制措施的有效落实。

5. 坚持实用有效、持之以恒的原则

推行安全风险管理要紧密结合实际，注重预防和控制措施的针对性、实效性和可操作性。把安全风险管理作为全路安全管理体系的重要组成部分，纳入常态管理，坚持常抓不懈。

五、高速铁路客运安全保障体系

坚持预防为主、超前防范，强化人防、物防、技防“三位一体”综合施策，有效防控重大安全风险。

（一）高速铁路“人防”体系

以“人防”为核心，分析人的意识、行为存在的不安全因素，有针对性地优化管理架构，完善安全管理机制，加强队伍建设，全面促进干部履职尽责、规范管理，职工遵章守纪、按标作业。

通过加强岗位第一责任人履职、强化贯标执标等方式，建立第一道防线；通过强化质检队伍建设、用好影像化评价等监督检查手段，筑牢第二道防线；通过深化应急指挥系统开发，建立“人、车、信息”的综合应急指挥平台，提升应急指挥效率，完善第三道防线。

1. 优化高速铁路管理架构

适应高速铁路快速发展的趋势，整合管理资源，创新机构设置，强化高速铁路专业管理。在铁路局集团公司层面成立专门的高速铁路运用、检修等科室。在站段层面，按照管界划分成立专门的高速铁路车间，强化高速铁路管理力量。

例如，对沪宁、沪杭、宁杭高速铁路成立上海高铁维修段，实行高速铁路工务、电务、供电设备“三合一”集中管理，制定专门的发展规划，不断完善管理体系和运行机制，从站段层面统筹资源、综合维修。

2. 完善安全管理机制

把管理作为最大的风险源、最重要的安全基础，完善高速铁路安全管理制度机制，实现科学管理、规范管理、严格管理。

1）理清安全管理责任

按照逐级负责、岗位负责、分工负责、专业负责的要求，全面制定各层级、各岗位安全生产责任制，做到全面覆盖、层级分明、边界清晰、动态修订。针对专业结合部存在的职责交叉不清问题，建立高速铁路站区、动车所一体化作业机制，各专业合署办公，既要分工明确、各负其责，又要联劳协作、联防联控。

2）发挥专业主导作用

出台关于加强专业管理的指导意见，完善专业管理体系和运行机制，充分发挥专业部门抓安全的主导作用。突出抓好规章、标准等基础工作，动态梳理及完善专业技术标准、设备质量标准、岗位作业标准，规范高速铁路技术规章与岗位作业指导书的编制发布、修订清理、检查追责等全过程管理制度，确保高速铁路的每项工作、每个岗位都有规可依、有章可循、有标可执。

3）构建高速铁路安全风险管控预防机制

铁路局集团公司、站段每年开展高速铁路安全风险辨识研判，分专业、分类别、分等级修订安全风险库；编制风险控制表和风险检查计划，各级干部逐一认领、落实管控措施，同步开展风险管控效果评价和安全质量考核排序；对事故故障、各类检查等安全信息，坚持每日追踪分析、每周集中分析、每月深度分析，实时掌握风险变化，及时预警预控。通过构建全面、全员、全过程的高速铁路安全风险管控预防机制，实现关口前移、源头治理、超前防范，努力把高速铁路安全风险控制在隐患形成之前。

（二）高速铁路“物防”体系

以“物防”为重要途径，分析高速铁路设备设施存在的不安全因素，创新设备质量管理，提高养护维修水平，确保高速铁路基础设施运用安全，确保防护设施充分发挥作用。

1. 设备源头质量管控

从新线建设、设备生产的源头入手，加强质量管控，为运用安全奠定基础。

1）上线运用前，严格验收把关

对新建铁路，在建设指挥部加强工程质量管理的基础上，健全介入制度，在项目立项、设计、施工、验收等建设全过程中，组织专业部门和站段提前介入、深度介入，严格项目论证、方案审核、过程监督和验收把关，把隐患整改在开通前。对新造动车组，完善铁路局集团公司层面的接车检查、运行试验制度，发现问题及时组织厂家整治，把隐患消除在上线前。对新购物资配件，建立健全采购管理、供应商管理、技证管理、评标专家管理等制度机制，明确采购技术标准，公开招标评标，完善采购合同质量责任条款，严把物资采购审核和产品质量检验检测关，杜绝不合格产品进路上线。

2）上线运用后，严格质量追溯

建立健全施工企业信用评价、供应商信用评价、设备质量源头问题责任追究、事故故障经济损失追偿索赔、不合格产品整治和召回等制度机制，强化工程、设备源头质量问题责任追究和经济赔偿。对发生问题的施工企业和供应商进行质量问题扣分或将其列入“黑名单”停止合作，倒逼施工和生产企业提升建设质量、产品质量。

2. 移动设备运用质量管控

高速铁路移动设备主要是动车组，动车组实施五级修制。其中，一、二级修为运用修，主要由动车所负责；三、四、五级修为高级修，主要由生产厂家及动车高级修基地负责。

在运用修方面，实行一车一档管理，全面推行记名检、修、验，严格作业者自检、班组内互检、质检员他检和出库联合验收“三检一验”制度，层层把关复核，防止动车组“带病”。动车组一级检修作业流程图如图 1－1－3 所示。

3. 固定设备运用质量管控

高速铁路固定设备主要包括线路、桥隧、道岔、信号机、光电缆、接触网、房建设施等，分别由工务、电务、供电、房建等专业部门负责。

4. 推进安全防护工程建设

针对高速铁路沿线外部环境安全隐患越来越突出的情况，强化“物防”保障。加强高速铁路站区和沿线封闭栅栏、防抛网、围墙、防撞石球、隔离栏杆、刺丝滚网等安全防护设施建设，对城乡接合部、高架桥下非法侵占处所等关键区段以及省际交界地带、山区复杂路段等薄弱地段物防设施进行全面排查、全面补强，确保所有高速铁路站区和沿线全封闭、无死角。

（三）高速铁路“技防”体系

强化信息化手段和大数据技术在高速铁路运输生产和安全管理中的应用，为确保高速铁路安全提供技术支撑。

大力建设运行安全监控系统，在重点高速铁路车站布置动车组运行安全监控装置 TEDS、TADS，建设站点监控探测站，完善运行安全监控系统的建设，同步建立动车组监控分析中心，实现对动车组走行部状态的实时监控。

引入 PHM 技术，开展健康管理和维修决策研究，实现生产计划智能化。在分析大量车载运行数据的基础上，应用大数据分析充分挖掘车载数据价值，盯控故障数据及发展趋势，预研预判动车组隐形故障。

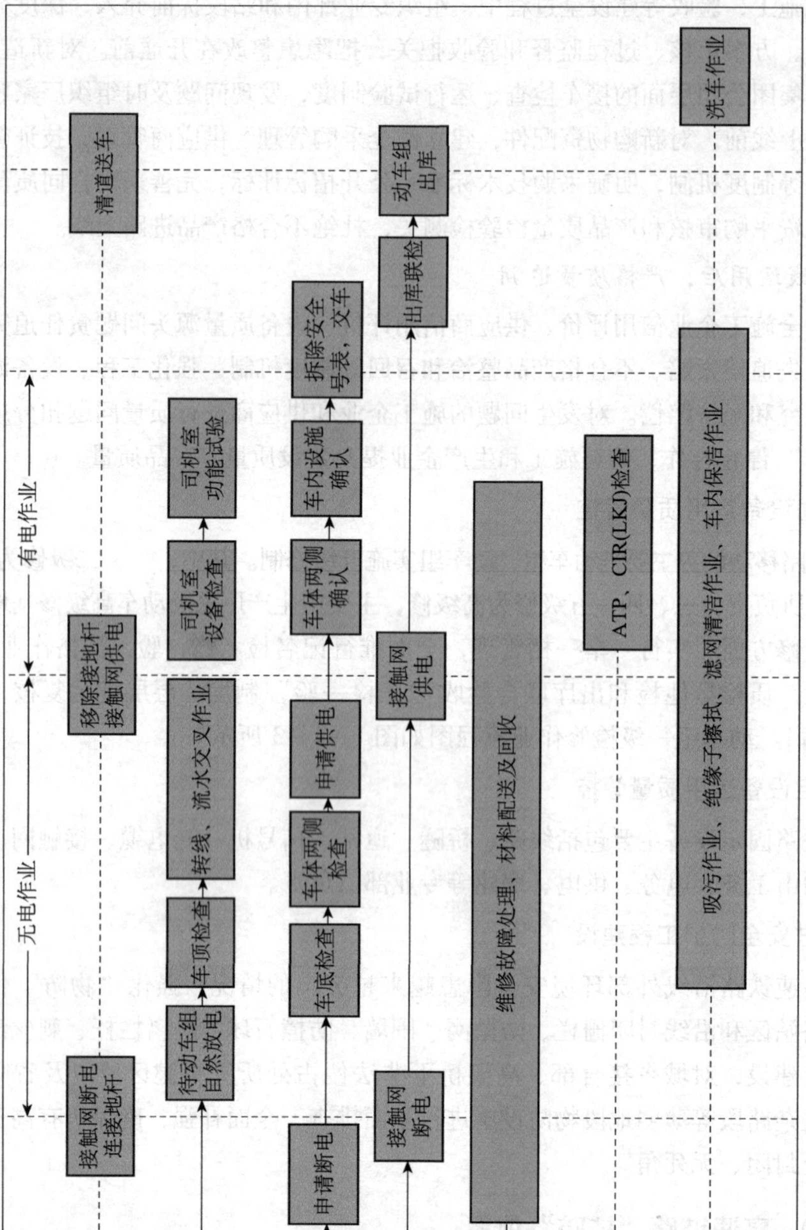

图 1－1－3　动车组一级检修作业流程图

1. 列车运行控制系统

采用国际先进的 CTCS-2/3 级列车运行控制系统、CTC 调度集中系统、GSM-R 铁路数字移动通信系统、CBI 计算机联锁系统等，根据运行情况动态升级完善，强化系统集成、信息共享、数据联控以及自动排列列车进路、自动控制运行速度、超速自动防护等功能，确保高速铁路运行的绝对安全。CTCS-3 级列车运行控制系统工作示意图如图 1－1－4 所示。

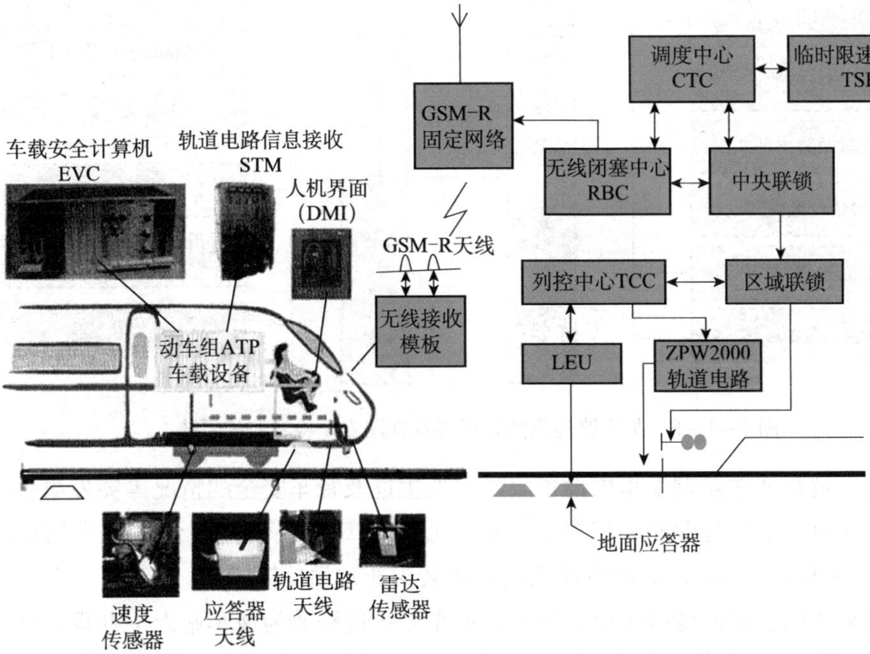

图 1－1－4　CTCS-3 级列车运行控制系统工作示意图

2. 高速铁路安全检测监控系统

加强高速铁路自然灾害及异物侵限监测系统建设，当发现异常时即时报警限速，当出现“红网”报警信息时自动强制拦停动车。全面推广应用晃车仪检测系统、铁路桥防撞预警系统、信号集中监测系统、牵引供电检测监控系统等固定设备检测监控系统，每月开行高速铁路综合检测列车，每日开行动车组确认列车，实时检测监控高速铁路设备运用状态。运用维护覆盖所有高速铁路的精测网，开展轨道线路、基础变形等精密测量。在动车组列车安装传感器设备，推广应用 TEDS 动车组运行故障动态图像检测系统；在高速铁路车站安装终端设备，实时检测监控动车组运行状态。某铁路局集团公司高速铁路安全检测监控系统如图 1－1－5 所示。

3. 应急指挥信息系统

把应急处置作为高速铁路安全管理的最后一道防线，健全组织体系、完善应急预案、加强培训演练，提升“技防”保障水平。成立铁路局集团公司、站段两级应急指挥中心，应急管理信息平台集成接入各类检测监控系统，完善信息传递、远程指导、技

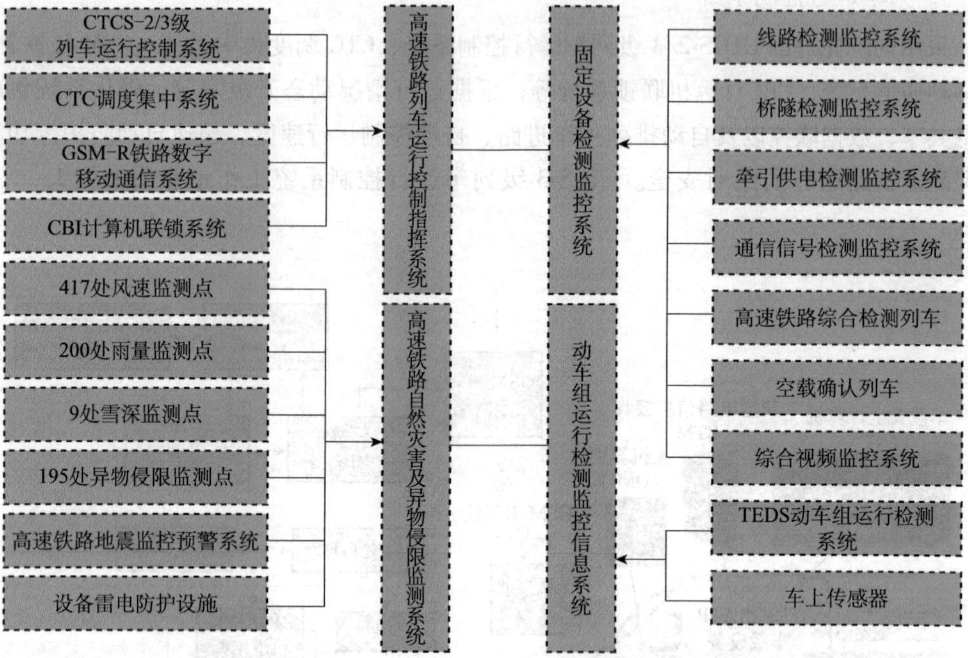

图 1－1－5　某铁路局集团公司高速铁路安全检测监控系统

术支持功能。遇高速铁路调度集中设备故障、发生危及行车安全的情况等突发事件，需转为非常站控进行应急处置时，相关车站通过点击计算机联锁控制台“非常站控”按钮，将 CTC 调度集中系统从分散自律控制模式转为非常站控模式。

由铁路局集团公司调度所集中自动控制列车运行进路改为该车站人工办理进路，方便应急处置。同时应急中心利用 CTCS 列控系统、视频监控系统、无线对讲机定位系统、GSM-R 铁路数字移动通信系统以及列车无线调度通信设备等，实施远程指挥、提供技术支持、形成立体防护。

4. 高速铁路安全管理信息化智能化

适应安全管理、专业管理的需要，加强安全管理领域的信息系统和大数据利用，提高管理水平，着力打造“智能高速铁路”。

应用安全质量管理信息系统，对干部检查、跟班写实、发现问题、考核整改等情况进行全过程实时记录及动态查询分析，提高管理效率，促进干部规范履职。

应用车务、机务、工务、电务、车辆、供电等各专业的信息集成平台，打破专业壁垒，强化资源整合和数据共享，一方面提高生产指挥和作业效率；另一方面对事故故障、设备检测监控、各类检查、隐患排查等数据进行自动集成，加强安全生产规律性、倾向性、关联性特征分析，实现对安全风险和隐患的超前防控。

应用施工管理信息平台，对高速铁路施工、维修作业进行全覆盖、全过程管控。建立设备电子履历档案，全面、实时记录高速铁路设备检、养、修履历，及时掌握设备状态变化规律和隐患征兆，有针对性地组织养护维修。

任务训练

实训项目	高速铁路客运安全保障认知
实训目标	1. 结合实际，加深对高速铁路客运安全的认识与理解 2. 培养对高速铁路客运安全的学习兴趣
实训内容及组织	由教师组织，学生自愿组成小组，每组6~8人，选择以下题目进行高速铁路客运安全保障认知的训练 1. 列举高速铁路客运安全的影响因素 2. 如何进行高速铁路客运安全风险管理 3. 掌握高速铁路安全保障体系
实训考核	1. 每组提交一份实训报告 2. 各组进行汇报 3. 教师根据各组的实训报告与课堂汇报进行评估

任务二

熟知高速铁路客运安全相关规定

知识目标

掌握高速铁路客运安全国家级相关法律法规内容，掌握铁路行业高速铁路客运安全相关规定要求。

能力目标

能够掌握高速铁路客运安全相关规定。

相关知识

安全生产法律法规是为调整生产经营活动中有关安全生产各方关系和行为的法律规范，是为保障劳动者在生产经营活动中的安全与健康而建立的法律体系。

一、国家级相关法律法规摘录

（一）《中华人民共和国安全生产法》相关规定

（1）生产、经营、运输、储存、使用危险物品或者处置废弃危险物品的，由有关主管部门依照有关法律、法规的规定和国家标准或者行业标准审批并实施监督管理。

生产经营单位生产、经营、运输、储存、使用危险物品或者处置废弃危险物品，必须执行有关法律、法规和国家标准或者行业标准，建立专门的安全管理制度，采取可靠的安全措施，接受有关主管部门依法实施的监督管理。

（2）未经依法批准，擅自生产、经营、运输、储存、使用危险物品或者处置废弃危险物品的，依照有关危险物品安全管理的法律、行政法规的规定予以处罚；构成犯罪的，依照刑法有关规定追究刑事责任。

（二）《中华人民共和国刑法》的相关规定

1.【重大责任事故罪；强令违章冒险作业罪】

在生产、作业中违反有关安全管理的规定，因而发生重大伤亡事故或者造成其他严重后果的，处三年以下有期徒刑或者拘役；情节特别恶劣的，处三年以上七年以下有期徒刑。

强令他人违章冒险作业，或者明知存在重大事故隐患而不排除，仍冒险组织作业，因而发生重大伤亡事故或者造成其他严重后果的，处五年以下有期徒刑或者拘役；情节特别恶劣的，处五年以上有期徒刑。

2.【危险物品肇事罪】

违反爆炸性、易燃性、放射性、毒害性、腐蚀性物品的管理规定，在生产、储存、运输、使用中发生重大事故，造成严重后果的，处三年以下有期徒刑或者拘役；后果特别严重的，处三年以上七年以下有期徒刑。

3.【不报、谎报安全事故罪】

在安全事故发生后，负有报告职责的人员不报或者谎报事故情况，贻误事故抢救，情节严重的，处三年以下有期徒刑或者拘役；情节特别严重的，处三年以上七年以下有期徒刑。

（三）《中华人民共和国反恐怖主义法》相关规定

1. 安全防范

（1）大型活动承办单位以及重点目标的管理单位应当依照规定，对进入大型活动场所、机场、火车站、码头、城市轨道交通站、公路长途客运站、口岸等重点目标的人员、物品和交通工具进行安全检查。发现违禁品和管制物品，应当予以扣留并立即向公安机关报告；发现涉嫌违法犯罪人员，应当立即向公安机关报告。

（2）对航空器、列车、船舶、城市轨道车辆、公共电汽车等公共交通运输工具，营运单位应当依照规定配备安保人员和相应设备、设施，加强安全检查和保卫工作。

2. 法律责任

防范恐怖袭击重点目标的管理、营运单位违反本法规定，有下列情形之一的，由公安机关给予警告，并责令改正；拒不改正的，处十万元以下罚款，并对其直接负责的主管人员和其他直接责任人员处一万元以下罚款：

（1）未制定防范和应对处置恐怖活动的预案、措施的；

（2）未建立反恐怖主义工作专项经费保障制度，或者未配备防范和处置设备、设施的；

（3）未落实工作机构或者责任人员的；

（4）未对重要岗位人员进行安全背景审查，或者未将有不适合情形的人员调整工作岗位的；

（5）对公共交通运输工具未依照规定配备安保人员和相应设备、设施的；

（6）未建立公共安全视频图像信息系统值班监看、信息保存使用、运行维护等管理制度的。

大型活动承办单位以及重点目标的管理单位未依照规定对进入大型活动场所、机场、火车站、码头、城市轨道交通站、公路长途客运站、口岸等重点目标的人员、物品和交通工具进行安全检查的，公安机关应当责令改正；拒不改正的，处十万元以下罚款，并对其直接负责的主管人员和其他直接责任人员处一万元以下罚款。

（四）《中华人民共和国消防法》的相关规定

（1）有下列行为之一的，依照《中华人民共和国治安管理处罚法》的规定处罚：

①违反有关消防技术标准和管理规定生产、储存、运输、销售、使用、销毁易燃易爆危险品的；

②非法携带易燃易爆危险品进入公众场所或者乘坐公共交通工具的；

③谎报火警的；

④阻碍消防车、消防艇执行任务的；

⑤阻碍消防救援机构的工作人员依法执行职务的。

（2）违反本法规定，有下列行为之一的，处警告或者五百元以下罚款；情节严重的，处五日以下拘留：

①违反消防安全规定进入生产、储存易燃易爆危险品场所的；

②违反规定使用明火作业或者在具有火灾、爆炸危险的场所吸烟、使用明火的。

（3）违反本法规定，有下列行为之一，尚不构成犯罪的，处十日以上十五日以下拘留，可以并处五百元以下罚款；情节较轻的，处警告或者五百元以下罚款：

①指使或者强令他人违反消防安全规定，冒险作业的；

②过失引起火灾的；

③在火灾发生后阻拦报警，或者负有报告职责的人员不及时报警的；

④扰乱火灾现场秩序，或者拒不执行火灾现场指挥员指挥，影响灭火救援的；

⑤故意破坏或者伪造火灾现场的；

⑥擅自拆封或者使用被消防救援机构查封的场所、部位的。

（4）人员密集场所发生火灾，该场所的现场工作人员不履行组织、引导在场人员疏散的义务，情节严重，尚不构成犯罪的，处五日以上十日以下拘留。

（五）《中华人民共和国治安管理处罚法》的相关规定

1. 处罚的种类和适用

治安管理处罚的种类分为：①警告；②罚款；③行政拘留；④吊销公安机关发放的许可证。

对违反治安管理的外国人，可以附加适用限期出境或者驱逐出境。

2. 违反治安管理的行为和处罚

(1) 有下列行为之一的，处警告或者二百元以下罚款；情节较重的，处五日以上十日以下拘留，可以并处五百元以下罚款：

①扰乱车站、港口、码头、机场、商场、公园、展览馆或者其他公共场所秩序的；

②扰乱公共汽车、电车、火车、船舶、航空器或者其他公共交通工具上的秩序的；

③非法拦截或者强登、扒乘机动车、船舶、航空器以及其他交通工具，影响交通工具正常行驶的；

聚众实施前款行为的，对首要分子处十日以上十五日以下拘留，可以并处一千元以下罚款。

(2) 有下列行为之一的，处五日以上十日以下拘留，可以并处五百元以下罚款；情节较轻的，处五日以下拘留或者五百元以下罚款：

①散布谣言，谎报险情、疫情、警情或者以其他方法故意扰乱公共秩序的；

②投放虚假的爆炸性、毒害性、放射性、腐蚀性物质或者传染病病原体等危险物质扰乱公共秩序的；

③扬言实施放火、爆炸、投放危险物质扰乱公共秩序的。

(3) 非法携带枪支、弹药或者弩、匕首等国家规定的管制器具的，处五日以下拘留，可以并处五百元以下罚款；情节较轻的，处警告或者二百元以下罚款。

非法携带枪支、弹药或者弩、匕首等国家规定的管制器具进入公共场所或者公共交通工具的，处五日以上十日以下拘留，可以并处五百元以下罚款。

(4) 殴打他人的，或者故意伤害他人身体的，处五日以上十日以下拘留，并处二百元以上五百元以下罚款；情节较轻的，处五日以下拘留或者五百元以下罚款。

有下列情形之一的，处十日以上十五日以下拘留，并处五百元以上一千元以下罚款：

①结伙殴打、伤害他人的；

②殴打、伤害残疾人、孕妇、不满十四周岁的人或者六十周岁以上的人的；

③多次殴打、伤害他人或者一次殴打、伤害多人的。

(5) 有下列行为之一的，处警告或者二百元以下罚款；情节严重的，处五日以上十日以下拘留，可以并处五百元以下罚款：

①拒不执行人民政府在紧急状态情况下依法发布的决定、命令的；

②阻碍国家机关工作人员依法执行职务的；

③阻碍执行紧急任务的消防车、救护车、工程抢险车、警车等车辆通行的；

④强行冲闯公安机关设置的警戒带、警戒区的。

阻碍人民警察依法执行职务的，从重处罚。

（六）《中华人民共和国铁路法》的相关规定

1. 铁路运输安全与保护

（1）铁路运输企业必须加强对铁路的管理和保护，定期检查、维修铁路运输设施，保证铁路运输设施完好，保障旅客和货物运输安全。

（2）铁路公安机关和地方公安机关分工负责共同维护铁路治安秩序。车站和列车内的治安秩序，由铁路公安机关负责维护；铁路沿线的治安秩序，由地方公安机关和铁路公安机关共同负责维护，以地方公安机关为主。

（3）运输危险品必须按照国务院铁路主管部门的规定办理，禁止以非危险品品名托运危险品。

禁止旅客携带危险品进站上车。铁路公安人员和国务院铁路主管部门规定的铁路职工，有权对旅客携带的物品进行运输安全检查。实施运输安全检查的铁路职工应当佩戴执勤标志。

危险品的品名由国务院铁路主管部门规定并公布。

（4）在列车内，寻衅滋事，扰乱公共秩序，危害旅客人身、财产安全的，铁路职工有权制止，铁路公安人员可以予以拘留。

（5）在车站和旅客列车内，发生法律规定需要检疫的传染病时，由铁路卫生检疫机构进行检疫；根据铁路卫生检疫机构的请求，地方卫生检疫机构应予协助。

货物运输的检疫，依照国家规定办理。

（6）禁止偷乘货车、攀附行进中的列车或者击打列车。对偷乘货车、攀附行进中的列车或者击打列车的，铁路职工有权制止。

（7）对聚众拦截列车或者聚众冲击铁路行车调度机构的，铁路职工有权制止；不听制止的，公安人员现场负责人有权命令解散；拒不解散的，公安人员现场负责人有权依照国家有关规定决定采取必要手段强行驱散，并对拒不服从的人员强行带离现场或者予以拘留。

（8）对哄抢铁路运输物资的，铁路职工有权制止，可以扭送公安机关处理；现场公安人员可以予以拘留。

（9）禁止在铁路线路上行走、坐卧。对在铁路线路上行走、坐卧的，铁路职工有权制止。

（10）电力主管部门应当保证铁路牵引用电以及铁路运营用电中重要负荷的电力供应。铁路运营用电中重要负荷的供应范围由国务院铁路主管部门和国务院电力主管部门商定。

2. 铁路运输线路安全与保护

（1）铁路线路两侧地界以外的山坡地由当地人民政府作为水土保持的重点进行整治。铁路隧道顶上的山坡地由铁路运输企业协助当地人民政府进行整治。铁路地界以内的山坡地由铁路运输企业进行整治。

（2）在铁路线路和铁路桥梁、涵洞两侧一定距离内，修建山塘、水库、堤坝，开挖河道、干渠，采石挖砂，打井取水，影响铁路路基稳定或者危害铁路桥梁、涵洞安全的，由县级以上地方人民政府责令停止建设或者采挖、打井等活动，限期恢复原状或者责令采取必要的安全防护措施。

在铁路线路上架设电力、通讯线路，埋置电缆、管道设施，穿凿通过铁路路基的地下坑道，必须经铁路运输企业同意，并采取安全防护措施。

在铁路弯道内侧、平交道口和人行过道附近，不得修建妨碍行车瞭望的建筑物和种植妨碍行车瞭望的树木。修建妨碍行车瞭望的建筑物的，由县级以上地方人民政府责令限期拆除。种植妨碍行车瞭望的树木的，由县级以上地方人民政府责令有关单位或者个人限期迁移或者修剪、砍伐。

（3）国家铁路的重要桥梁和隧道，由中国人民武装警察部队负责守卫。

违反前三款规定，给铁路运输企业造成损失的单位或者个人，应当赔偿损失。

（4）禁止擅自在铁路线路上铺设平交道口和人行过道。

平交道口和人行过道必须按照规定设置必要的标志和防护设施。

行人和车辆通过铁路平交道口和人行过道时，必须遵守有关通行的规定。

（5）对损毁、移动铁路信号装置及其他行车设施或者在铁路线路上放置障碍物的，铁路职工有权制止，可以扭送公安机关处理。

（6）禁止在铁路线路两侧二十米以内或者铁路防护林地内放牧。对在铁路线路两侧二十米以内或者铁路防护林地内放牧的，铁路职工有权制止。

3. 铁路交通事故处理

（1）发生铁路交通事故，铁路运输企业应当依照国务院和国务院有关主管部门关于事故调查处理的规定办理，并及时恢复正常行车，任何单位和个人不得阻碍铁路线路开通和列车运行。

（2）因铁路行车事故及其他铁路运营事故造成人身伤亡的，铁路运输企业应当承担赔偿责任；如果人身伤亡是因不可抗力或者受害人自身的原因造成的，铁路运输企业不承担赔偿责任。

违章通过平交道口或者人行过道，或者在铁路线路上行走、坐卧造成的人身伤亡，属于受害人自身的原因造成的人身伤亡。

4. 法律责任

（1）违反《铁路法》规定，携带危险品进站上车或者以非危险品品名托运危险品，导致发生重大事故的，依照《刑法》第一百二十五条的规定追究刑事责任。企业事业单位、国家机关、社会团体犯本款罪的，处以罚金，对其主管人员和直接责任人员依法追究刑事责任。

携带炸药、雷管或者非法携带枪支子弹、管制刀具进站上车的，依照《刑法》第一百三十条的规定追究刑事责任。

（2）故意损毁、移动铁路行车信号装置或者在铁路线路上放置足以使列车倾覆的障碍物的，尚未造成严重后果的，依照《刑法》第一百一十七条的规定追究刑事责任；造成严重后果的，依照《刑法》第一百一十九条的规定追究刑事责任。

（3）盗窃铁路线路上行车设施的零件、部件或者铁路线路上的器材，危及行车安全的，尚未造成严重后果的，依照《刑法》第一百一十七条的规定追究刑事责任；造成严重后果的，依照《刑法》第一百一十九条的规定追究刑事责任。

（4）聚众拦截列车不听制止的，对首要分子和骨干分子依照《刑法》第二百九十一条的规定追究刑事责任。聚众冲击铁路行车调度机构不听制止的，对首要分子和骨干分子依照《刑法》第二百九十条的规定追究刑事责任。聚众哄抢铁路运输物资的，对首要分子和骨干分子依照《刑法》第二百六十八条的规定追究刑事责任。铁路职工与其他人员勾结犯前款罪的，从重处罚。

（5）在列车内，抢劫旅客财物，伤害旅客的，依照《刑法》第二百六十三条的规定从重处罚。在列车内，寻衅滋事，侮辱妇女，情节恶劣的，依照《刑法》第二百四十六条的规定追究刑事责任；敲诈勒索旅客财物的，依照《刑法》第二百六十六条的规定追究刑事责任。

二、铁路行业相关规定摘录

（一）《铁路安全管理条例》的相关规定

（1）铁路运输企业应当依照法律、行政法规和国务院铁路行业监督管理部门的规定，制定铁路运输安全管理制度，完善相关作业程序，保障铁路旅客和货物运输安全。

（2）在法定假日和传统节日等铁路运输高峰期或者恶劣气象条件下，铁路运输企业应当采取必要的安全应急管理措施，加强铁路运输安全检查，确保运输安全。

（3）铁路运输企业应当在列车、车站等场所公告旅客、列车工作人员以及其他进站人员遵守的安全管理规定。

（4）铁路运输企业应当按照国务院铁路行业监督管理部门的规定实施火车票实名购买、查验制度。

实施火车票实名购买、查验制度的，旅客应当凭有效身份证件购票乘车；对车票所记载身份信息与所持身份证件或者真实身份不符的持票人，铁路运输企业有权拒绝其进站乘车。

铁路运输企业应当采取有效措施为旅客实名购票、乘车提供便利，并加强对旅客身份信息的保护。铁路运输企业工作人员不得窃取、泄露旅客身份信息。

（5）铁路运输企业应当依照法律、行政法规和国务院铁路行业监督管理部门的规定，对旅客及其随身携带、托运的行李物品进行安全检查。

从事安全检查的工作人员应当佩戴安全检查标志，依法履行安全检查职责，并有权拒绝不接受安全检查的旅客进站乘车和托运行李物品。

（6）旅客应当接受并配合铁路运输企业在车站、列车实施的安全检查，不得违法携带、夹带管制器具，不得违法携带、托运烟花爆竹、枪支弹药等危险物品或者其他违禁物品。

禁止或者限制携带的物品种类及其数量由国务院铁路行业监督管理部门会同公安机关规定，并在车站、列车等场所公布。

（二）《铁路旅客运输安全检查管理规则》的相关规定

（1）为保障铁路运输和旅客生命财产安全，加强和规范铁路旅客运输安全检查（以下简称安检）工作，根据《民法典》《中华人民共和国铁路法》《铁路安全管理条例》等法律法规和《铁路旅客运输安全检查管理办法》《关于公布〈铁路旅客禁止、限制携带和托运物品目录〉的公告》等有关规定，制定《铁路旅客运输安全检查管理规则》。

（2）《铁路旅客运输安全检查管理规则》所称安检是指所属铁路运输企业在客运车站、旅客列车对旅客和其他进站、乘车人员及其随身携带品、托运的行包快件进行禁止和限制物品检查的活动。

（3）铁路局集团公司应当通过揭示揭挂、电子显示屏、宣传册页或模拟实物展示等方式，在车站售票处、进站口（安检口）、旅客列车等服务场所，做好《铁路旅客禁止、限制携带和托运物品目录》公告和宣传。

（4）铁路局集团公司是安检工作的责任主体，负责本集团公司管内安检专业管理工作，牵头组织计划、财务、劳卫、企法、职培等部门按照职责分工落实国铁集团安检管理规定，组织客运站段安检工作实施。

（5）铁路局集团公司应使用符合国家相关标准和国铁集团企业标准以及安全、环保等要求的安检设备。

（6）车站安检通道应配备安检仪（含操作台）、安全门、处置台、液体检测仪，与手检岗位数量相当的手持金属探测器，以及与之配套的旅客自弃箱（桶）、安检筐（篮）、隔离围栏（带）、手检站立台、禁限物品临时存放柜等。安检仪应结合实际配置延长带，安检仪出口取物侧应设置隔离栏杆，每个安检区域至少应配备一个防爆罐和一条防爆毯，其中高铁车站每个安检区域应配备两条防爆毯，相关车站按要求配置爆炸物探测仪。车站安检设备的配置应统筹考虑安检等级提升等特殊要求，预留适当备用或建立临时租用机制。

（7）安检工作应当坚持“安全第一、严格检查、文明作业、热情服务”的原则，安检人员作业时不得从事与安检工作无关的活动，女性旅客须由女安检员进行人身检查，安检人员仪容仪表应符合铁路旅客运输服务质量规范相关要求。

（8）客运车站安检设置引导、值机、手检、处置岗位，具体岗位设置和每个岗位配备人数，可根据车站及客流实际情况确定。

（9）旅客携带品及托运的行包快件在车站应经过安检仪检查，无法确认安全性的液体应使用液体检测仪检查，发现可疑物品及无法辨识物品或必要时可当场开箱（包）人工检查。全面检查其规格、容器、数量等，对包装密封完好、标志清晰，无针孔、破封等异常情况，能够确认为瓶装酒、水、易拉罐饮料等物品，以及能够确认其物质安全性的肥皂等块状、膏状物品予以放行。安检设备发生故障或停电时，或托运的行李包裹因尺寸、形状、重量等原因无法过安检仪检查的，须实行人工检查。

（10）实施人工检查时，原则上应由旅客、托运人自己开箱（包）或出示携带物品，必要时可由处置人员进行重点开包查验，但应确保旅客、托运人在场并确认箱包归属，尽量保持旅客物品完好。人工检查应当在视频监控覆盖的场所实施。

（11）特殊重点旅客安检应实行重点服务、重点照顾。对于孕妇或肢体活动不便的旅客，在人身检查时可不上手检站立台。婴儿车需经安检仪检查，对不能通过安检仪的婴儿车，应实施人工检查。伤残旅客助残设备应当接受安全检查，导盲犬接受人工检查前，应提醒旅客协助控制好导盲犬，为其佩戴防咬装置；拐杖等体积较小的助残设备应通过安检仪进行安全检查。乘坐轮椅的伤残旅客可从安全门一侧通过，接受人身检查，使用的轮椅应采取人工检查。

（12）旅客、托运人或其他人员应当接受并配合铁路安全检查工作。拒绝配合安检的，应当拒绝其进站、乘车、办理托运或寄存。

（13）对怀疑为危险物品，但受客观条件限制无法认定其性质的，旅客或托运人又不能提供该物品性质或可以经旅客列车运输的证明时，车站有权拒绝其进站乘车或托运，列车应终止其旅行或托运，由列车长编制客运记录，交前方停车站处理。

（14）安全检查中发现旅客携带禁止随身携带的物品或者超过规格、数量携带限制随身携带的物品时，安检人员应当向旅客告知有关规定。安全检查中发现的其他禁限物品，可由旅客或托运人选择交送行人员带回或自愿放弃，符合包裹或高铁快运办理条件的可办理托运。旅客提出需暂存且符合暂存条件的，车站应提供暂存服务，免费暂存期限不少于3天，各铁路局集团公司可结合实际制定收费暂存时限和收费标准，并对外公告。

（15）在列车上查获的禁限物品由列车工作人员妥善保管，并根据物品性质按站车交接程序向前方停车站或车站派出所移交。

（16）车站可通过设置禁限物品自弃箱（须有防取回功能）等方式引导旅客提前自行处置。每班交班前应对自弃箱内物品进行清理检查，分类处置。

（17）车站要根据在车站存放安检查获物品和旅客暂存物品的不同性质和实际情况，合理设置存放场所。存放场所须远离候车室等人群密集区域，与火、热、电源隔绝，要设置灭火器等消防设备，保持通风、干燥。安检查获物品和旅客暂存物品可一并存放但须隔离存放、分类管理。存放场所禁止存放私人物品。

（18）客运车站强化封闭式管理，严禁旅客从车站两端及非正常进站通道进入车站区域；对车站区域两端和因铁路运输生产需要无法封闭的专用线通道，应由车站设岗值守。

（19）因铁路运输生产需要设置的专用进站通道，按照“谁使用、谁管理、谁负责”的原则，由使用管理单位负责设岗值守，安装视频监控设备，根据需要配置安检设备，对进入人员和携带品及车辆安全负责。客运车站区域内的其他单位，不得设置旅客进站、安检通道。

（20）相关部门和单位应规范监督检查行为，各类监督检查人员应持有效证件，按禁限物品范围和安检工作规定开展检查，检查问题及意见建议应当场通知被检查单位或现场管理人员。

（三）《铁路交通事故应急救援和调查处理条例》的相关规定

铁路机车车辆在运行过程中与行人、机动车、非机动车、牲畜及其他障碍物相撞，或者铁路机车车辆发生冲突、脱轨、火灾、爆炸等影响铁路正常行车的铁路交通事故（以下简称事故）的应急救援和调查处理，适用《铁路交通事故应急救援和调查处理条例》。

1. 各部门职责

事故发生后，铁路运输企业和其他有关单位应当及时、准确地报告事故情况，积极开展应急救援工作，减少人员伤亡和财产损失，尽快恢复铁路正常行车。

任何单位和个人不得干扰、阻碍事故应急救援、铁路线路开通、列车运行和事故调查处理。

1）国务院铁路主管部门

国务院铁路主管部门应当加强铁路运输安全监督管理，建立健全事故应急救援和调查处理的各项制度，按照国家规定的权限和程序，负责组织、指挥、协调事故的应急救援和调查处理工作。

2）铁路管理机构

铁路管理机构应当加强日常的铁路运输安全监督检查，指导、督促铁路运输企业落实事故应急救援的各项规定，按照规定的权限和程序，组织、参与、协调本辖区内事故的应急救援和调查处理工作。

3）其他有关部门

国务院其他有关部门和有关地方人民政府应当按照各自的职责和分工，组织、参与事故的应急救援和调查处理工作。

铁路运输企业和其他有关单位、个人应当遵守铁路运输安全管理的各项规定，防止和避免事故的发生。

2. 事故等级

根据事故造成的人员伤亡、直接经济损失、列车脱轨辆数、中断铁路行车时间等情形，事故等级分为特别重大事故、重大事故、较大事故和一般事故。

1）特别重大事故

有下列情形之一的，为特别重大事故：

（1）造成30人以上死亡，或者100人以上重伤（包括急性工业中毒，下同），或者1亿元以上直接经济损失的；

（2）繁忙干线客运列车脱轨18辆以上并中断铁路行车48小时以上的。

2）重大事故

有下列情形之一的，为重大事故：

（1）造成10人以上30人以下死亡，或者50人以上100人以下重伤，或者5000万元以上1亿元以下直接经济损失的；

（2）客运列车脱轨18辆以上的；

（3）客运列车脱轨2辆以上18辆以下，并中断繁忙干线铁路行车24小时以上或者中断其他线路铁路行车48小时以上的。

3）较大事故

有下列情形之一的，为较大事故：

（1）造成3人以上10人以下死亡，或者10人以上50人以下重伤，或者1 000万元以上5 000万元以下直接经济损失的；

（2）客运列车脱轨2辆以上18辆以下的；

（3）中断繁忙干线铁路行车6小时以上的；

（4）中断其他线路铁路行车10小时以上的。

4）一般事故

造成3人以下死亡，或者10人以下重伤，或者1 000万元以下直接经济损失的，为一般事故。

除前款规定外，国务院铁路主管部门可以对一般事故的其他情形作出补充规定。

事故等级中所称的“以上”包括本数，所称的“以下”不包括本数。

3. 铁路交通事故一般事故分类

一般事故分为：一般A类事故、一般B类事故、一般C类事故、一般D类事故。

1）一般A类事故

有下列情形之一，未构成较大以上事故的，为一般A类事故。

造成2人死亡；造成5人以上10人以下重伤；造成500万元以上1 000万元以下直接经济损失；繁忙干线双线之一线或单线行车中断3小时以上6小时以下，双线行车中断2小时以上6小时以下；其他线路双线之一线或单线行车中断6小时以上10小时以下，双线行车中断3小时以上10小时以下；客运列车耽误本列4小时以上；客运列车脱轨1辆；客运列车中途摘车2辆以上；客车报废1辆或大破2辆以上；动车组中破1辆以上。

2）一般B类事故

有下列情形之一，未构成一般A类以上事故的，为一般B类事故。

造成1人死亡；造成5人以下重伤；造成100万元以上500万元以下直接经济损失；繁忙干线行车中断1小时以上；其他线路行车中断2小时以上；客运列车耽误本列1小时以上；客运列车中途摘车1辆；客车大破1辆。

3）一般C类事故

有下列情形之一，未构成一般B类以上事故的，为一般C类事故。

列车冲突；列车火灾；列车爆炸；列车相撞；向占用区间发出列车；向占用线接入列车；未准备好进路接、发列车；未办或错办闭塞发出列车；列车冒进信号或越过警冲标；机车车辆溜入区间或站内；接触网接触线断线、倒杆或塌网；电力机车、动车组带电进入停电区；客运列车分离；漏发、错发、漏传、错传调度命令导致列车超速运行。

4）一般 D 类事故

有下列情形之一，未构成一般 C 类以上事故的，为一般 D 类事故。

调车冲突；调车脱轨；挤道岔；调车相撞；错办或未及时办理信号致使列车停车；错办行车凭证发车或耽误列车；作业人员违反劳动纪律、作业纪律耽误列车；滥用紧急制动阀耽误列车；电力机车、动车组错误进入无接触网线路；行车设备故障耽误本列客运列车 1 小时以上；固定设备故障延时影响正常行车 2 小时以上（仅指正线）。

4. 事故报告

1）事故报告处理

（1）事故现场。事故发生后，事故现场的铁路运输企业工作人员或者其他人员应当立即报告邻近铁路车站、列车调度员或者公安机关。有关单位和人员接到报告后，应当立即将事故情况报告事故发生地铁路管理机构。

（2）铁路管理机构。铁路管理机构接到事故报告，应当尽快核实有关情况，并立即报告国务院铁路主管部门；对特别重大事故、重大事故，国务院铁路主管部门应当立即报告国务院并通报国家安全生产监督管理等有关部门。

发生特别重大事故、重大事故、较大事故或者有人员伤亡的一般事故，铁路管理机构还应当通报事故发生地县级以上地方人民政府及其安全生产监督管理部门。

2）事故报告内容

事故报告应当包括下列内容：

（1）事故发生的时间、地点、区间（线名、公里、米）、事故相关单位和人员；

（2）发生事故的列车种类、车次、部位、计长、机车型号、牵引辆数、吨数；

（3）承运旅客人数或者货物品名、装载情况；

（4）人员伤亡情况，机车车辆、线路设施、道路车辆的损坏情况，对铁路行车的影响情况；

（5）事故原因的初步判断；

（6）事故发生后采取的措施及事故控制情况；

（7）具体救援请求。

事故报告后出现新情况的，应当及时补报。

国务院铁路主管部门、铁路管理机构和铁路运输企业应当向社会公布事故报告值班电话，受理事故报告和举报。

5. 事故应急援救

1）事故发生后处理

（1）立即停车。事故发生后，列车司机或者运转车长应当立即停车，采取紧急处置措施；对无法处置的，应当立即报告邻近铁路车站、列车调度员进行处置。

为保障铁路旅客安全或者因特殊运输需要不宜停车的，可以不停车；但是，列车司机或者运转车长应当立即将事故情况报告邻近铁路车站、列车调度员，接到报告的邻近铁路车站、列车调度员应当立即进行处置。

（2）恢复铁路正常行车。事故造成中断铁路行车的，铁路运输企业应当立即组织抢修，尽快恢复铁路正常行车；必要时，铁路运输调度指挥部门应当调整运输径路，减少事故影响。

2）现场应急救援

（1）事故发生后，国务院铁路主管部门、铁路管理机构、事故发生地县级以上地方人民政府或者铁路运输企业应当根据事故等级启动相应的应急预案；必要时，成立现场应急救援机构。

（2）现场应急救援机构根据事故应急救援工作的实际需要，可以借用有关单位和个人的设施、设备和其他物资。借用单位使用完毕应当及时归还，并支付适当费用；造成损失的，应当赔偿。

有关单位和个人应当积极支持、配合救援工作。

（3）事故造成重大人员伤亡或者需要紧急转移、安置铁路旅客和沿线居民的，事故发生地县级以上地方人民政府应当及时组织开展救治和转移、安置工作。

（4）国务院铁路主管部门、铁路管理机构或者事故发生地县级以上地方人民政府根据事故救援的实际需要，可以请求当地驻军、武装警察部队参与事故救援。

（5）有关单位和个人应当妥善保护事故现场以及相关证据，并在事故调查组成立后将相关证据移交事故调查组。因事故救援、尽快恢复铁路正常行车需要改变事故现场的，应当作出标记、绘制现场示意图、制作现场视听资料并作出书面记录。

任何单位和个人不得破坏事故现场，不得伪造、隐匿或者毁灭相关证据。

（6）事故中死亡人员的尸体经法定机构鉴定后，应当及时通知死者家属认领；无法查找死者家属的，按照国家有关规定处理。

三、安全标志及其使用

（一）安全标志

安全标志是用以表达特定安全信息的标志，由图形符号、安全色、几何形状（边框）或文字构成。分为禁止标志、警告标志、指令标志和提示标志等几大类型。

1. 禁止标志

禁止标志是禁止不安全行为的图形标志。禁止标志的基本型式是带斜杠的圆边框，其示例如图 1－2－1 所示。

2. 警告标志

警告标志是提醒人们对周围环境引起注意，以避免可能发生危险的图形标志。警告标志的基本型式是正三角形边框，其示例如图 1－2－2 所示。

(a) 禁止吸烟　(b) 禁止通行　(c) 禁止跳下　(d) 禁止倚靠

图 1－2－1　禁止标志示例

(a) 注意安全　(b) 当心触电　(c) 当心夹手　(d) 当心缝隙

图 1－2－2　警告标志示例

3. 指令标志

指令标志是强制人们必须做出某种动作或采用防范措施的图形标志。指令标志的基本型式是圆形边框，其示例如图 1－2－3 所示。

(a) 必须戴安全帽　(b) 必须拔出插头

图 1－2－3　指令标志示例

4. 提示标志

提示标志是向人们提供某种信息（如标明安全设施或场所等）的图形标志。提示标志的基本型式是正方形边框，其示例如图 1－2－4 所示。

(a) 紧急出口　(b) 避险处　(c) 应急电话

图 1－2－4　提示标志示例

提示标志提示目标的位置时要加方向辅助标志。按实际需要指示左向时，辅助标志应放在图形标志的左方；如指示右向时，则应放在图形标志的右方，如图 1－2－5 所示。

图 1－2－5　应用方向辅助标志示例

5. 文字辅助标志

文字辅助标志的基本型式是矩形边框，有横写和竖写两种形式。当横写时，文字辅助标志写在标志的下方，可以和标志连在一起，也可以分开。禁止标志、指令标志为白色字；警告标志为黑色字。禁止标志、指令标志衬底色为标志的颜色，警告标志衬底色为白色，如图 1－2－6 所示。

图 1－2－6　横写的文字辅助标志示例

当竖写时，文字辅助标志写在标志杆的上部。禁止标志、警告标志、指令标志、提示标志均为白色衬底，黑色字。标志杆下部色带的颜色应和标志的颜色相一致，如图 1－2－7 所示。

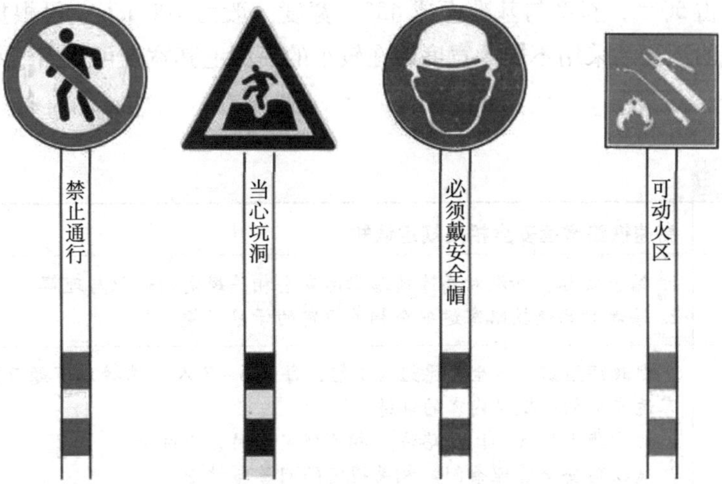

图 1－2－7　竖写的文字辅助标志示例

（二）安全色

安全色是传递安全信息含义的颜色，包括红、蓝、黄、绿四种颜色。对比色包括黑、白两种颜色。安全色适用于公共场所、生产经营单位。

1. 红色

红色传递禁止、停止、危险或提示消防设备、设施的信息。用于各种警告标志、交通禁令标志、消防设备标志、机械的停止按钮、刹车及停车装置的操纵手柄、机器转动部位、仪表刻度盘上极限位置刻度、各种危险信号旗等。

2. 蓝色

蓝色传递必须遵守的指令性信息。用于各种指令标志和标线中的指示标志等。

3. 黄色

黄色传递注意、警告的信息。用于各种警告标志、道基和标线中的警告标志、警告信号旗等。

4. 绿色

绿色传递安全提示性信息。用于各种提示标志、机器启动按钮及安全信号旗、急救站、疏散通道、避险处、应急避难场所等。

5. 黑色

黑色用于安全标志的文字、图形符号以及警告标志的几何边框中。

6. 白色

白色用于安全标志中红色、蓝色、绿色的背景色，也可用于安全标志的文字和图形符号。

安全色与对比色同时使用时，应按规定搭配使用。安全色与对比色相间的条纹宽度应相等，即各占 50%，斜度与基准面成 45°。宽度一般为 100 mm，可根据设备大小和安全标志位置的不同，采用不同的宽度，在较小的面积上其宽度可适当缩小，每种颜色不能少于两条。

任务训练

实训项目	高速铁路客运安全相关规定认知
实训目标	1. 结合实际，加深对高速铁路客运安全相关规定的认识与理解 2. 培养对高速铁路客运安全相关规定的学习兴趣
实训内容及组织	由教师组织，学生自愿组成小组，每组 6 ~ 8 人，选择以下题目进行高速铁路客运安全相关规定内容的训练 1.《中华人民共和国铁路法》相关规定的问答与讨论 2.《铁路安全管理条例》相关规定的问答与讨论 3.《铁路旅客运输安全检查管理规则》相关规定的问答与讨论
实训考核	1. 每组提交一份实训报告 2. 各组进行汇报 3. 教师根据各组的实训报告与课堂汇报进行评估

任务三

保障高速铁路客运人员人身安全

知识目标

掌握高速铁路客运人员人身安全管理要求的相关内容。

能力目标

能够按照高速铁路客运人员人身安全管理要求进行服务工作。

相关知识

劳动安全管理的目的泛指在生产经营过程中，贯彻落实国家安全法规、标准、规程，通过采取一系列的安全技术措施、安全组织措施，使“人、机、物、法、环”安全管理要素和谐运作，形成良好的劳动环境和工作秩序，最大限度地使劳动者免遭不可承受的伤亡和职业病危害。具体包括以下几个方面。

（1）积极开展预防劳动者伤害的活动，减少或消灭劳动者伤害事故，保障劳动者的生产建设安全。

（2）积极开展控制职业中毒和职业病的活动，防止职业中毒和职业病的发生，保障劳动者的身体健康。

（3）严格按《劳动法》的规定，保障劳动者有合理的休息时间，以便劳动者保持充沛的精力，更好地进行经济建设。

（4）针对女职工在劳动中因生理特点造成的特殊困难，对她们进行特殊保护，使其在经济建设中发挥更大的作用。

一、劳动防护用品分类

劳动防护用品是指从业人员为防御物理、化学、生物等外界因素伤害所穿戴、配备和使用的护品的总称。劳动防护用品，又称个体防护装备。

劳动防护用品是劳动安全工作的重要组成部分，也是保护劳动者安全和健康的最后一道防线。

劳动防护用品分为一般劳动防护用品和特种劳动防护用品，特种劳动防护用品实行生产许可制度。按人体防护部位，劳动防护用品通常分为九大类。

1. 头部防护用品

头部防护用品是为防御头部受外来物体打击、避免其他危险和有害因素而配备的防护用具。生产过程中伤害头部的主要因素有物体打击伤害、高处坠落伤害、机械伤害、污染毛发（头皮）伤害。

按防护功能分为普通（一般）防护帽、防尘帽、防水帽、防寒帽、安全（防冲击）帽、防静电帽、防高温帽、防电磁辐射帽、防昆虫帽和其他头部防护用品等。

2. 呼吸器官防护用品

呼吸器官防护用品是为防御有害气体、粉尘、烟、雾经呼吸道吸入，或直接向使用者供氧及清净空气，保证作业人员在尘、毒污染或缺氧环境中正常呼吸而配备的防护用具。生产过程中伤害呼吸器官的主要因素有生产性粉尘和生产性有害物质。

按防护功能分为防尘口罩、防毒口罩（面具）、防酸碱口罩、给氧装备和其他呼吸器官防护用品；按形式分为过滤式和隔离式。

3. 眼面部防护用品

眼面部防护用品是为防御眼面部受烟雾、尘粒、金属火花和飞屑、热辐射、电磁辐射、激光、化学飞溅物等伤害而配备的防护用具。生产过程中常见的眼面部伤害主要有异物性眼伤害、化学性眼（面）伤害、非电磁辐射眼伤害、电磁辐射眼伤害、微波和激光眼伤害。

按防护功能分为防尘风镜（面罩）、防水眼罩、防冲击眼罩（镜）、防毒面罩、防高温面罩、防电磁辐射眼镜、防射线眼镜（罩）、防酸碱面罩、防风沙面罩、防强光眼镜（面罩）和其他眼面部防护用品。

4. 听觉器官防护用品

听觉器官防护用品是为防御噪声侵入耳道并对人身引起不良影响而配备的防护用具。生产过程中损害听力的主要因素有机械性噪声、空气动力性噪声、电磁性噪声。

按防护功能分为防水耳塞、防寒耳塞、防噪声耳塞（罩）和其他听觉器官防护用品；按形式又可分为耳塞、耳罩和防噪声头盔。

5. 手部防护用品

手部防护用品是为防御手部受外来物体打击和避免其他危险及有害因素而配备的防护用具。生产过程中对手部的伤害因素是多种多样的，大致可归纳为火、高温、低温、电磁与电离辐射、电、化学物质、撞击、切割、擦伤、微生物侵害及感染等。

按防护功能分为普通（一般）防护手套、防水手套、防寒手套、防毒手套、防静电手套、防高温手套、防射线手套、防酸碱手套、防油手套、防振手套、防切割手套、绝缘手套和其他手部防护用品。

6. 足部防护用品

足部防护用品是为防御足部受外来物体打击和避免其他危险及有害因素而配备的防护用具。生产过程中伤害足部的主要因素有重物、锐利物品、高温、低温、化学物质、电、静电等。

按防护功能分为防尘鞋、防水鞋（靴）、防寒鞋（靴）、防冲击鞋（盖）、防静电鞋、防高温鞋（靴）、防酸碱鞋（靴）、防油鞋（靴）、防烫脚盖、防滑鞋、防穿刺鞋（靴）、电绝缘鞋（靴）和其他足部防护用品（防振鞋）。

7. 躯干防护用品

躯干防护用品是为防御躯干受外来物体打击和避免其他危险及有害因素而配备的防护用具。生产过程中伤害躯干的主要因素有高温、强辐射热、低温、电磁与电离辐射、化学物质、电、静电等。

躯干防护用品就是通常讲的防护服。根据防护功能分为普通（一般）防护服、防水服、防寒服、防毒服、防静电服、防高温服、防电磁辐射服、防酸碱服、防油服、防昆虫服、防风沙服、阻燃服、防砸背心、水上救生衣和其他防护服（带电作业屏蔽服和反光标志服、背心）。

8. 护肤用品

护肤用品用于防止化学、物理等有害因素对皮肤（主要是手、面部等外露皮肤）造成伤害。

生产过程中伤害皮肤的主要因素有高温、低温、紫外线、化学物质等。根据防护功能分为防毒、防射线、防油及其他劳动护肤品。

9. 其他劳动防护用品

根据防护功能分为防高温的遮阳伞、防坠落物品的安全带（绳）和安全网、水上救生圈（筏、艇）、电绝缘地板、防滑垫等。

二、铁路客运系统作业人员劳动安全通用控制措施

为适应铁路运输生产和技术条件不断发展变化的需要，落实“规范管理，强基达标”的总体要求，强化对作业安全关键环节的控制，减少职工伤害事故，原铁道部制定了《铁路运输系统作业人员劳动安全关键点控制措施》，分为通用控制措施和具体控制措施两大部分。通用控制措施规定在铁路既有线从事作业的所有人员，必须认真落实下列劳动安全控制措施。

（1）严格遵守劳动纪律和作业纪律，认真执行保休制度，班前充分休息，严禁班前、班中饮酒；严禁脱岗、串岗、私自替班或换班，不得做与工作无关的事情。

（2）新上岗、转岗、提职职工必须进行单位、车间、班组的三级安全教育及其他规定的安全教育，经培训考试合格后，方准上岗单独作业。学徒工、实习人员、干部在参加劳动、学习期间，不准单独上岗。

（3）作业中必须按规定着装、佩戴防护用品和正确使用防护用具，严格执行安全技术操作规程。

三、站场与线路行走安全

如何在站内、区间行走是确保人身安全的关键，安全避车是避免被运行中的机车车辆碰撞而受到伤害的重要环节。铁路作业人员在站场或线路上行走、横越时，应严格遵守站场、线路行走和避车的相关规定。

（一）站内、区间行走安全

（1）在站内行走时应走车站固定行走线路，如站台或线路两侧平坦处。

（2）顺线路行走时应走路肩，并注意本线、邻线的机车及车辆状态，严禁在道心、枕木上行走。不准脚踏钢轨面、道岔连接杆、尖轨等。

（3）在区间行走时应走路肩，不间断瞭望，在双线区间应沿着列车运行方向行走，禁止在邻线和两线中间行走或躲避列车。

（4）严禁扒乘机车、车辆，以车代步，禁止从行驶中的机车、车辆上跳下。

（5）不准在钢轨上、车底下、枕木上、道心里坐卧或站立。

（6）严禁在运行中的机车、车辆前方抢越。

（7）横越线路时，应走地道或天桥。必须横越线路时，应“一站、二看、三通过”，并注意左右机车、车辆的动态及脚下有无障碍物。

（8）横越停有机车、车辆的线路时，先确认机车、车辆暂不移动，然后在该机车、车辆端部 5 m 以外绕行通过。

（9）必须横越列车、车列时，应先确认列车、车列暂不移动，然后由通过台或两车车钩上越过，勿碰开钩销，要注意邻线有无机车、车辆运行，严禁钻车底。

（10）禁止在桥梁、站台、路肩上骑自行车等交通工具。

（11）禁止在未设置避车台的桥梁上躲避列车。若通过桥梁或进入下一个避车台时，必须在确认具备安全通过条件后，方可通过桥梁。

（二）避车安全

（1）人员下道避车时应面向列车认真瞭望，防止列车上的抛落物、坠落物或绳索伤人。

（2）桥梁上和隧道内避车。列车通过前 10 min，在桥梁上的人员应撤离至桥头路肩或进入避车台避车；在隧道内的人员必须进入隧道避车洞内或撤离至隧道外的安全地点避车，严禁在隧道内其他地点避车。

（3）遇有动车通过时，严禁对相邻线路的列车进行现场技术作业。

四、电气化铁路作业安全

铁路电气化区段供电设备带有高压电，作业人员直接或间接与之接触，极易发生人身伤害事故。了解和掌握电气化铁路劳动安全的基础知识和安全风险防控规范，才能确保作业人员在设备高压带电、高空维修作业、列车高速运行环境下的人身安全。

（1）为保证人身安全，除牵引供电专业人员按规定作业外，任何人员及所携带的物件、作业工器具等须与牵引供电设备高压带电部分保持 2 m 以上的距离，与回流线、架空地线、保护线保持 1 m 以上的距离，距离不足时牵引供电设备须停电。

（2）在电气化铁路区段，具有升降、伸缩、移动平台等功能的机械设备进行施工、装卸等作业时，作业范围与牵引供电设备高压带电部分须保持 2 m 以上的距离，与回流线、架空地线、保护线保持 1 m 以上的距离，距离不足时牵引供电设备须停电。

（3）在距牵引供电设备高压带电部分 2 m 以外，距回流线、架空地线、保护线 1 m 以外，临近铁路营业线作业时，牵引供电设备可不停电，但须按照铁路营业线施工安全管理有关规定执行。

（4）机车、动车及各种车辆上方的接触网设备未停电且未采取安全防护措施，禁止任何人员攀登到车顶或车辆装载的货物上。

（5）在电气化区段进行上水、保洁、施工等作业时，不得将水管向供电线路方向喷射，站车保洁不得采用向车体上部喷水的方式洗刷车体。

（6）牵引供电设备故障时，与牵引供电设备相连接的支柱、接地引下线、综合接地线等可能出现高电压，未采取安全措施前禁止与其接触，并保持安全距离。

（7）发现牵引供电设备断线及其部件损坏，或发现牵引供电设备上挂有线头、绳索、塑料布或脱落搭接等异物时，均不得与之接触，应立即通知附近车站，在牵引供电设备检修人员未采取措施以前，任何人员均应距已断线索或异物处所 10 m 以外。

（8）牵引供电设备支柱及各部接地线损坏，回流吸上线与钢轨或扼流变连接脱落时，禁止非专业人员与之接触。

（9）距牵引供电设备支柱及牵引供电设备带电部分 5 m 范围以内具备接入综合接地条件的金属结构应纳入综合接地系统；不能接入综合接地系统的金属结构须装设接地装置，接地电阻一般不大于 10 Ω。

（10）在站内和行人较多的地段，牵引供电设备支柱在距轨面 2.5 m 高处均要设白底黑字“高压危险”并有红色闪电符号的警示标志。禁止借助接触网支柱搭脚手架，必须借助接触网支柱登高时，必须有供电专业人员现场监护。

（11）在天桥、跨线桥靠近或跨越牵引供电设备的地方须设置防护栅网，栅网由所附属结构的产权单位或工程建设单位负责安装。防护栅网安装“高压危险”标志，警示标志由供电设备管理单位制作安装。

（12）电气化铁路区段车站风雨棚、跨线桥、隧道等构筑物应安装牢固，状态良好，不得脱落。距牵引供电设备 2 m 范围内不得出现漏水、悬挂冰凌等现象。附挂在跨线桥、渠上的管路，以及通讯、照明等线缆，须设专门固定设施，且安装可靠，不得脱落。

（13）电力线路、光电缆、管路等跨越电气化铁路施工时，须在接触网停电并做好安全防护措施后进行。

五、预防机车车辆伤害客运作业安全

（1）上道作业前，开展劳动安全预想预防活动。检查职工身体状态，合理安排作业计划，并配备对讲机，加强与行车部门的联系，掌握列车运行信息。

（2）严格遵守劳动纪律，作业前必须穿戴好规定的有防护标志的防护服、防护帽、防护鞋，携带好作业备品。

（3）列车运行中严禁开车门探身瞭望、乘凉、扫垃圾。

（4）上水作业人员应提前进入作业线路安全地点等待列车进站，待列车停妥后方可进行上水作业。邻线有快速列车通过时，不得在通过一侧进行上水作业。

（5）站车保洁作业必须在明确作业流程、制定安全防护措施后方可安排。站车保洁人员须经培训合格后方可上岗。

六、预防触电

电气设备设施在铁路运输生产经营中得到大量运用，因各种外在因素，如接触不良、接线松脱、绝缘老化破损形成漏电或短路等，会引发电气事故，甚至发生触电伤亡或电气火灾事故。

电流通过人体叫触电。人体触电的方式分为直接接触触电和间接接触触电。触电时人体会受到某种程度的伤害，按其形式可分为电击和电伤两种。

1. 直接接触触电

人体直接接触或过分靠近电气设备及线路的带电导体而发生的触电现象称为直接接触触电，如单相触电、两相触电等。

1）单相触电

当人站在地面上或其他接地体上，人体的某一部位触及一相带电体时，电流通过人体流入大地（或中性线），称为单相触电。对于高压带电体，人体虽未直接接触，但由于超过了安全距离，高电压对人体放电，造成单相接地而引起的触电，也属于单相触电。

图1－3－1（a）所示为中性点直接接地的单相触电电流途径。图1－3－1（b）所示为中性点不直接接地的单相触电电流途径。

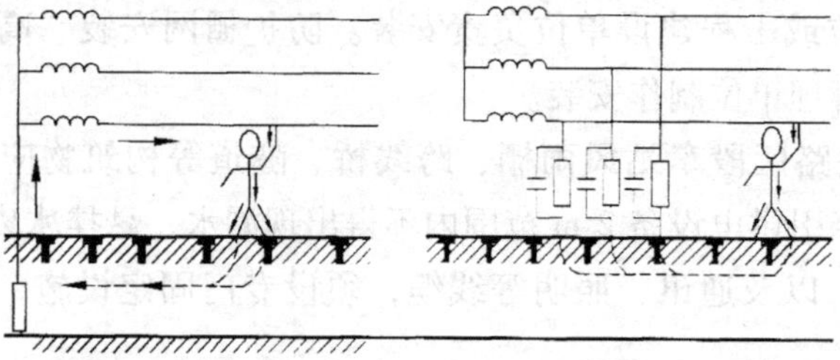

(a) 中性点直接接地　　(b) 中性点不直接接地

图1－3－1　单相触电

一般情况下，接地电网里的单相触电较不接地电网里的危险性更大。低压电网通常采用变压器低压侧中性点直接接地和中性点不直接接地（通过保护间隙接地）的接线方式。

2）两相触电

人体同时接触带电设备或线路中的两相导体，或在高压系统中人体同时接近不同相的两相带电导体，而发生的电弧放电，电流从一相导体通过人体进入另一相导体，构成一个闭合回路，这种触电方式称为两相触电，如图 1－3－2 所示。

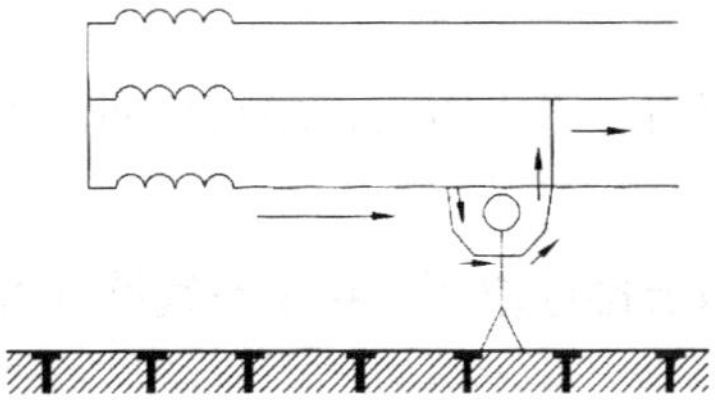

图 1－3－2　两相触电

两相触电加在人体上的电压为线电压，因此不论电网的中性点接地与否，其触电的危险性都最大。

2. 间接接触触电

间接接触触电是由于电气设备（包括各种用电设备）内部的绝缘故障，而造成其外露可导电部分（金属外壳）可能带有危险电压（在设备正常情况下，其外露可导电部分是不会带有电压的），当人员误接触到设备的外露可导电部分时，便可能发生触电。

1）跨步电压触电

跨步电压是指电气设备发生接地故障或电力系统一相发生接地短路时，电流从接地处四散流出，在地面上形成不同的电位分布，当人走近短路点时两脚之间存在电位差，如图 1－3－3 所示。当跨步电压达到 40 V 以上时人有触电危险，特别是人被跨步电压击倒后加大了人体的触电电压，从而造成意外和死亡。当发现有跨步电压的危险时，应单足或并双足跳离危险区，也可沿半径垂直方向小步慢慢退出。

图 1－3－3　跨步电压

2）感应电压触电

由于电磁感应和静电感应的作用，带电设备将会在附近的停电设备上感应出一定电位。高压双回路、多回路同杆架设及两条平行架设的线路，如果一条线路带电，会造成其他停电的线路带电，特别是当和停电检修平行接近的带电线路出现三相不平衡或单相接地时，对停电线路的感应使其意外地带有危险电压，这种电压称为感应电压。

感应电压防护办法：当线路电压等级在 220 kV 及以上时，感应电压已经不容忽视，必须采取措施加以防护。其根本的办法是：穿上既能与地有良好接触，又有一定屏蔽作用的静电防护服或导电鞋，以保持人体与地的良好接触从而向大地流泄电荷。

3）雷电触电

雷电可分为直击雷和感应雷。直击雷是云层与地面凸出物之间的放电；感应雷分为静电感应雷和电磁感应雷。

静电感应雷是由于带电积云接近地面，在架空线路导线或其他导电凸出物顶部感应出大量电荷引起的。

电磁感应雷是由于雷电放电时，巨大的冲击雷电流在周围空间产生迅速变化的强磁场引起的。

4）静电触电

静电触电是指用电设备的某个部位上储存的电荷通过人体放电而引起的触电。

七、防暑降温

高温天气可能导致户外作业人员中暑甚至死亡，给户外作业人员的身体健康和生命安全造成严重损害。

中暑是指在高温和热辐射的长时间作用下，机体体温调节出现障碍，水与电解质代谢紊乱以及神经系统功能损害的症状的总称。

（一）中暑症状及处理办法

中暑按病情轻重可分为先兆中暑、轻症中暑与重症中暑三种情况。

1. 先兆中暑

先兆中暑一般表现为疲乏、头昏、眼花、耳鸣、口渴、恶心、注意力不集中、动作不协调等症状。

处理方法：让病人立即离开闷热环境，到阴凉通风处松开衣服，让其喝点含盐饮料或冷水，一般即可很快复原；如果病人不便移动，应立即打开窗户通风或用电风扇吹风，并给予清凉饮料或人丹、风油精等解暑药物，也可终止中暑症状的发展。

2. 轻症中暑

除先兆中暑症状外，病人还可能出现面色潮红、皮肤灼热、胸闷、发热（38.5 ℃以上）、大量出汗、脉搏加快等症状。

处理方法：除需将病人立即搬离闷热环境外，还要脱去其衣服，让其平卧，用冷水毛巾湿敷头部或包裹四肢和躯干，用电风扇吹风，让病人体温快速下降。面色苍白、伴有呕吐和大量出汗者，应及时给予淡盐水（1 L水中加入2～3 g食盐）或清凉含盐饮料。

3. 重症中暑

重症中暑按症状可分为热痉挛、热衰竭、日射病和热射病4种类型。

热痉挛多发生于大量出汗及口渴、饮水多而盐分补充不足导致血中氯化钠浓度明显降低时。这类中暑发生时肌肉会突然出现阵发性痉挛疼痛。

热衰竭常常发生于老年人及一时未能适应高温的人，主要症状为头晕、头痛、心慌、口渴、恶心、呕吐、皮肤湿冷、血压下降、晕厥或神志模糊，此时其体温正常或稍微偏高。

日射病正像它的名字一样，是因为直接在烈日暴晒下，强烈的日光穿透头部皮肤及颅骨引起脑细胞受损，进而造成脑组织的充血、水肿；由于受到伤害的主要是头部，所以最开始出现的不适就是剧烈头痛、恶心呕吐、烦躁不安，继而可出现昏迷及抽搐。

热射病是由于在高温环境下长时间从事体力劳动，身体产热过多而散热不足，导致核心体温迅速升高的一种重症中暑。发病早期表现为大量冷汗，继而出现无汗、呼吸浅快、脉搏细速、躁动不安、神志模糊。随着病情进展，病人血压下降并逐渐发展为昏迷伴四肢抽搐；重症病倒可并发脑水肿、肺水肿、心力衰竭等致命性器官损伤。

处理办法：昏迷、抽搐、高热、休克等症状属于重症中暑，是中暑最严重的类型，可危及生命，必须立即拨打急救电话并送医抢救。

（二）防暑降温措施

为了加强高温天气作业劳动保护工作，预防中暑事件的发生，铁路企业作业人员应掌握防暑降温基本常识和预防中暑的措施，养成良好的生活习惯。

（1）铁路企业室外作业人员（所有工种）必须按规定穿戴好劳动防护用品；作业现场必须配足生活用水、清凉饮料、防暑药品（藿香正气水、十滴水、祛风油等）、灭蚊物品等。有条件的组织人员将西瓜、绿豆稀饭、防暑汤等防暑降温物资送到作业现场。

（2）积极改善作业地点生产生活环境，加强通风降温，确保作业人员的宿舍、食堂、厕所、淋浴间等临时设施满足防暑降温需要。

（3）切实做好卫生防疫工作。加强对饮用水、食品的卫生管理，严格执行食品卫生制度，避免食品变质引发中毒事件；加强对夏季易发疾病的监控，现场作业人员发生法定传染病、食物中毒时，应及时向有关主管部门报告。

（4）制定高温中暑应急预案，定期进行应急救援的演习，并根据高温作业和高温天气作业的劳动者数量及作业条件等情况，配备应急救援人员和足量的急救药品。

（5）做好职业健康检查和职业病危害因素监测工作，对患有心、肺、脑血管性疾病、肺结核、中枢神经系统疾病及其他身体状况不适合高温作业的员工，应调离高温作业岗位或对其加强预防中暑的保护措施。

（6）加强作业中的轮换休息。在夏季尽可能调整劳动组织，采取勤倒班的方式，缩短一次连续作业时间，加强工作中的轮换休息。加强现场巡查，加大防暑降温知识和中暑急救知识宣传，提高全员安全防范意识。

八、防寒过冬

铁路防寒工作的主要对象包括两方面：一是确保铁路作业人员在冬季作业时的人身安全，二是对设备设施进行防寒检查和整备。我国北方地区冬季时间较长，环境多变，气候条件恶劣，造成职工伤害的危险因素增多，保证作业人员防寒过冬是铁路冬季运输生产必须提前做好的一项工作。

（一）冬季作业的特点

冬季气温持续偏低，风、雪、雾、霜等恶劣天气频发，昼夜温差显著且光照时间短，这些自然因素不仅加剧了设备维护难度，还对作业场所安全、人员操作规范以及客运组织工作提出了更高要求。充分做好冬季作业的思想和物质准备，才能确保生产安全，高质量地完成冬季运输生产任务。

（二）冬季作业对人身安全的基本要求

根据冬季作业特点和作业规律，必须认真贯彻落实“安全第一，预防为主，综合治理”的方针，全体干部、职工在冬季必须做到以下几个方面。

（1）上班前严禁饮酒，充分休息，保证工作时精力充沛、思想集中。

（2）工作前必须按规定穿戴好防护用品，防寒帽必须有耳孔且孔径不小于 20 mm，禁止穿高跟鞋、塑料底鞋及带钉子鞋作业。

（3）作业前认真检查并确认使用的工具、交接的设备状态良好，严格执行岗位责任制和交接班制度，认真听取班组长班前对生产计划的安排以及对安全生产注意事项的布置要求，作业中要认真执行各种规章制度，团结协作，密切联系，不得臆测行事，不准玩笑打逗。

（4）在站场上作业和行走时，禁止戴妨碍视觉、听觉的色镜、帽子或其他遮盖物，要随时注意来往的列车和机车车辆的移动，遇风、雪、雾天气时更应特别注意邻线有无来往机车、车辆，要站在适当位置，防止被车上坠落物品等击伤，严禁在站台边坐立、闲谈休息、避风雪。

（三）冬季除冰雪作业

除雪、除冰属于非正常作业，由于天气恶劣、作业时间不固定，存在较大的人身安全隐患。作业前，要根据除雪位置制定详细的安全措施，包括行走路线图、待避列车位置图；遇到易于溜滑的地段，应注意提高警惕，踏稳、踩牢，防止滑倒摔伤。除雪、除冰负责人负责除雪前的安全教育工作。

（1）遇有雪情预告，必须提前做好人员、用具、通信设备、防护用品等各项除雪准备工作。

（2）线路上的除雪作业必须设置安全防护，设现场防护员，车站设驻站防护员。

（3）线路上的除雪作业必须有组织、有防护，严禁单人除雪，现场除雪时必须保证3人以上，其中必须设1名专职防护员。特别是清除雪后道岔内的残雪时，必须严格按规定设置安全防护。

（4）除雪作业前，每个小组必须明确负责人，必须指定专人负责安全防护工作；在站场道岔咽喉区的多个作业组同时作业时，可在作业群体两端分别设置现场防护员，负责全体作业人员的安全防护。

（5）同小组的作业人员必须同出同回，并严格按照规定的路线图行走，作业期间不得单人离开作业小组。

（6）驻站防护员要先于现场作业人员到达车站行车室，在驻站防护期间要认真掌握列车通过和调车作业情况，并及时通知现场防护员。

（7）现场防护员要按规定携带防护用具，与作业人员一同到达现场，并及时向驻站防护员报告作业位置，确认无车后方可开始除雪作业；在防护期间要认真监听电台，接到来车报告后及时通知除雪作业人员按规定距离下道避车。

（8）除雪作业人员必须按规定着装，确保视觉、听觉不受影响。

（9）作业组上下道前必须清点人数，并向驻站防护员办理登销记手续。

任务训练

实训项目	高速铁路客运人员人身安全管理训练
实训目标	1. 结合实际，加深对高速铁路客运人员人身安全的认识与理解 2. 培养对高速铁路客运人员人身安全要求的学习兴趣
实训内容及组织	由教师组织，学生自愿组成小组，每组6~8人，选择以下题目进行高速铁路客运人员人身安全管理的训练 1. 铁路客运系统作业人员劳动安全通用控制措施训练 2. 模拟站场与线路行走安全训练 3. 预防触电知识讨论与训练
实训考核	1. 每组提交一份实训报告 2. 各组进行汇报 3. 教师根据各组的实训报告与课堂汇报进行评估

复习思考题

1. 高速铁路客运安全的影响因素有哪些？

2. 如何进行高速铁路客运安全风险管理？

3. 简述高速铁路旅客运输安全保障体系。
4. 简述《中华人民共和国铁路法》的相关规定。
5. 概述《铁路旅客运输安全检查管理规则》。
6. 安全标志的种类及作用是什么？
7. 高速铁路客运人员有哪些劳动安全通用控制措施？
8. 高速铁路客运人员在站场与线路行走有哪些安全要求？
9. 简述电气化铁路作业安全？

项目二

高速铁路客运安全与治安事件处理

项目描述

高速铁路安检工作在维护社会安定、保障公共安全和人民群众人身及财产安全方面发挥了重要作用，高速铁路安检工作已朝制度化、规范化、职业化、智能化方向发展。消防安全已经成为高速铁路安全的重要组成部分，提高职工的消防法律意识和消防安全意识，普及消防安全知识，预防各类火灾事故的发生尤为重要。本项目主要介绍高速铁路客运携带品的查堵及处理、高速铁路客运防火安全及电器安全操作、高速铁路客运治安事件处理的相关知识。通过本项目的学习，学生能够掌握高速铁路客运安全与治安事件处理的基本技能。

任务一

高速铁路客运携带品的查堵及处理

能力目标

学会识别违禁品，正确使用安检设备，正确处理旅客携带的违禁品。

知识目标

掌握旅客免费携带品的要求，掌握安检作业流程及标准。

相关知识

为了维护站车的良好秩序，确保运输安全，方便旅客进出站、上下车，必须对旅客携带品的范围有所限制。同时，铁路运输企业要在售票厅、候车室和列车内加强对旅客携带品要求的宣传，让广大旅客知道携带品的范围以及超过范围时如何处理，以免旅客把违禁品带进站、带上车。

一、危险品常识

危险品是社会生产生活中不可缺少的重要物资，但如果使用不当、违反运输保管安全规定或被违法犯罪分子利用，很有可能对人身、财产和环境安全带来极大的危害。

（一）危险品的概念

在实际工作中，各行业和部门都根据自身的生产作业特点，在遵循国际和国家有关标准和规则的前提下，制定具有行业特点的危险品运输规则，规则中对危险品做出了相应的定义。

《铁路危险货物运输管理规则》中规定：具有爆炸、易燃、毒害、感染、腐蚀、放射性等危险特性，在铁路运输、装卸和储存保管过程中，容易造成人身伤亡、财产毁损或者环境污染而需要特别防护的物质和物品，均属危险货物。这一定义包含了三层含义。

（1）危险品是指具有爆炸、易燃、毒害、感染、腐蚀、放射性等危险特性的物质或物品。这些特性是运输过程中容易引发火灾、爆炸、中毒等安全事故的内在因素和先决条件。

（2）危险品容易造成人身伤亡和财产损毁。危险货物在一定条件下，如受热、摩擦、撞击、接触反应等，发生化学变化而产生危险效应。这种危险不仅使货物本身遭受损失，更主要的是危及周围环境，对人员、设备、建筑造成一定程度的损害。

（3）危险品在运输、装卸和存储过程中需实施特别防护——不仅包括常规的轻拿轻放、谨防烟火等基本要求，更需根据危险品特性采取针对性措施，如避光保存、温湿度控制等专项防护手段。

（二）危险品的特性

危险品最本质的特性是其具有严重的危害性和破坏性。主要表现在以下几个方面。

1. 爆炸性

有些危险品，如炸药、氧化剂等易燃易爆物品，具有迅速而强烈的爆炸性能。炸药爆炸时瞬间形成高温高压气体，放出大量的光和热，使周围介质受到震动而发生位移或被破坏，从而导致人、畜伤亡或使车辆、建筑物等遭到毁坏。

2. 燃烧性

许多危险化学物品的燃点很低，极易燃烧引发火灾事故，造成国家、集体和公民生命财产的重大损失。例如，黑火药对火焰极其敏感，点火性能好，极易引起爆炸起火；乙醇、汽油的闪点均低于28℃，是极易燃烧的物质。

3. 腐蚀性

有些危险品对人体组织、动物体、植物体、纤维制品、金属等具有强烈的腐蚀作用。例如，硫酸、盐酸、硝酸、氯化钡、氯化磷等化学物品，可以灼伤皮肤，引起红肿腐烂，导致皮肤组织坏死，若进入人、畜体内会迅速破坏组织器官，严重时可致快速死亡；遇到金属等物质会造成腐蚀，对运输容器和作业设备构成威胁。

4. 麻醉性

有些危险品具有明显的麻醉神经的作用。例如，乙醚、氯仿等麻醉药品作用于神经系统，巴比妥类安眠药品作用于呼吸和循环系统，使用不当均可致人死亡。

5. 窒息性

有些危险化学物品燃烧或爆炸时，释放出大量有害气体，直接损害人、畜的呼吸系统，造成人、畜体内组织缺氧，迅速引起组织的新陈代谢和生理功能的紊乱，甚至危及生命，导致死亡。有些毒物进入人、畜血液，可以引起血红蛋白的损坏，失去结合及运输氧气的功能，导致机体严重缺氧而窒息死亡。

6. 放射性

放射性同位素释放的射线作用于机体后，会激发或电离机体内的大分子（如蛋白质、酶类），导致分子结构改变和生物学功能异常。这进而引发组织细胞损伤以及神经、消化、造血、内分泌等多个系统的功能障碍，使机体发生病理性变化，最终造成放射性损伤。例如，人体受到放射性核素辐射后，可能产生造血障碍、白血病、皮肤癌等躯体效应，以及先天畸形、器官发育异常、痴呆等遗传效应。

7. 射穿性

某些危险品（如枪支、炮弹等）在击发或爆炸时具有强大的贯穿力，可以射入或穿透人体和其他生物体，造成组织器官的不可逆损坏，最终导致伤残甚至死亡。

二、旅客携带品

（一）旅客携带品定义

旅客携带品是指旅客未向铁路办理托运，为满足旅行需要自行带入乘坐车厢并负责看管的随身物品。

（二）旅客免费携带品要求

旅客需妥善放置携带品，不得影响公共空间的使用和安全。每人免费携带品的重量和规格是：

儿童 10 千克，外交人员 35 千克，其他旅客 20 千克。每件物品外部尺寸长、宽、高之和不超过 160 厘米，杆状物品不超过 200 厘米；但乘坐动车组列车均不超过 130 厘米；每件重量不超过 20 千克。平衡车、滑行器等轮式代步工具须使用硬质包装物妥善包装。

依靠辅助器具才能行动的老、幼、病、残、孕等特殊重点旅客旅行时代步的折叠式轮椅，以及随行婴儿使用的折叠婴儿车，可免费携带并不计入上述范围。

为保障车站、旅客列车等公共场所内外整洁、空气清新，妨碍公共卫生的物品，能够损坏或污染车辆的物品，以及活动物（导盲犬和作为食品且经封闭箱体包装的鱼、虾、蟹、贝、软体类水产动物除外）不得随身携带乘车。

（三）铁路旅客禁止、限制携带和托运的物品目录

1. 禁止托运和随身携带的物品

（1）枪支、子弹类（含主要零部件）。

①军用枪、公务用枪：手枪、冲锋枪、步枪、机枪、防暴枪等以及各类配用子弹。

②民用枪：气枪、猎枪、运动枪、麻醉注射枪等以及各类配用子弹。

③道具枪、发令枪、钢珠枪、催泪枪、电击枪等以及各类配用子弹。

④上述物品的样品、仿制品。

（2）爆炸物品类。

①弹药：炸弹、照明弹、燃烧弹、烟幕弹、信号弹、催泪弹、毒气弹、手雷、地

雷、手榴弹等。

②爆破器材：炸药、雷管、导火索、导爆索、震源弹、爆破剂等。

③烟火制品：礼花弹、烟花（含冷光烟花）、鞭炮、摔炮、拉炮、砸炮等各类烟花爆竹，发令纸、黑火药、烟火药、引火线，以及“钢丝棉烟花”等具有烟花效果的制品等。

④上述物品的仿制品。

（3）管制器具。

①管制刀具：根据《管制刀具分类与安全要求》（GA 1334—2016），认定为管制刀具的专用刀具（匕首、刺刀、佩刀、三棱刮刀、猎刀、加长弹簧折叠刀等）、特殊厨用刀具（加长砍骨刀、加长西瓜刀、加长分刀、剔骨刀、屠宰刀、多用刀等）、开刃的武术与工艺礼品刀具（武术刀、剑等），以及其他管制刀具（超过《日用刀具分类与安全要求》（GA/T 1335—2016）规定的尺寸规格限制要求的各种刀具）。

②其他器具：警棍、军用或者警用匕首、催泪器、电击器、防卫器、弩、弩箭等。

（4）易燃易爆物品。

①压缩气体和液化气体：氢气、甲烷、乙烷、环氧乙烷、二甲醚、丁烷、天然气、乙烯、氯乙烯、丙烯、乙炔（溶于介质的）、一氧化碳、液化石油气、氟利昂、氧气（供病人吸氧的袋装医用氧气除外）、水煤气等。

②易燃液体：汽油（包括甲醇汽油、乙醇汽油）、煤油、柴油、苯、酒精、酒精体积百分含量大于70%或者标志不清晰的酒类饮品、1，2－环氧丙烷、二硫化碳、甲醇、丙酮、乙醚、油漆、稀料、松香油等。

③易燃固体：红磷、闪光粉、固体酒精、赛璐珞、发泡剂H、偶氮二异庚腈等。

④自燃物品：黄磷、白磷、硝化纤维（含胶片）、油纸及其制品等。

⑤遇湿易燃物品：金属钾、钠、锂、碳化钙（电石）、镁铝粉等。

⑥氧化剂和有机过氧化物：高锰酸钾、氯酸钾、过氧化钠、过氧化钾、过氧化铅、过醋酸、双氧水、氯酸钠、硝酸铵等。

（5）毒害品。

氰化物、砒霜、硒粉、苯酚、氯、氨、异氰酸甲酯、硫酸二甲酯等高毒化学品以及灭鼠药、杀虫剂、除草剂等剧毒农药。

（6）腐蚀性物品。

硫酸、盐酸、硝酸、氢氧化钠、氢氧化钾、有液蓄电池（含氢氧化钾固体、注有酸液或碱液的）、汞（水银）等。

（7）放射性物品。

指含有放射性核素，并且其活度和比活度均高于国家规定豁免值的物品，详见《放射性物品分类和名录（试行）》。

（8）感染性物质。

包括可感染人类的高致病性病原微生物菌（毒）种和感染性样本，详见《人间传染的病原微生物名录》中危害程度分类为第一类、第二类的病原微生物。

（9）其他危害列车运行安全的物品。

①可能干扰列车信号的强磁化物。

②硫化氢及有强烈刺激性气味或者有恶臭等异味的物品。

③容易引起旅客恐慌情绪的物品。

④不能判明性质但可能具有危险性的物品。

（10）法律、行政法规、规章规定的其他禁止携带、运输的物品。

2. 禁止随身携带但可以托运的物品

（1）锐器：菜刀、水果刀、剪刀、美工刀、雕刻刀、裁纸刀等日用刀具（刀刃长度超过 60 mm）；手术刀、刨刀、铣刀等专业刀具；刀、矛、戟等器械。

（2）钝器：棍棒、球棒、桌球杆、曲棍球杆等。

（3）工具农具：钻机、凿、锥、锯、斧头、焊枪、射钉枪、锤、冰镐、耙、铁锹、镢头、锄头、农用叉、镰刀、铡刀等。

（4）其他：反曲弓、复合弓等非机械弓箭类器材，消防灭火枪，飞镖、弹弓，不超过 50 mL 的防身喷剂等。

（5）小型活动物：持有检疫证明、装于专门容器内的小型活动物，铁路运输企业应当向旅客说明运输过程中通风、温度条件。但持工作证明的导盲犬和作为食品且经封闭箱体包装的鱼、虾、蟹、贝、软体类水产动物可以随身携带。

3. 限制随身携带的物品

（1）酒类饮品：包装密封完好、标志清晰且酒精体积百分含量大于或者等于 24%、小于或者等于 70% 的酒类饮品累计不超过 3 000 mL。

（2）防晒喷雾、摩丝、发胶：冷烫精、染发剂、摩丝、发胶、杀虫剂、空气清新剂等自喷压力容器，单体容器容积不超过 150 mL，每种限带 1 件，累计不超过 600 mL。

（3）香水、花露水：香水、花露水、喷雾、凝胶等含易燃成分的非自喷压力容器日用品，单体容器容积不超过 100 mL，每种限带 1 件。

（4）充电宝、锂电池：标志清晰的充电宝、锂电池，单块额定能量不超过 100 Wh，含有锂电池的电动轮椅除外。

（5）指甲油、去光剂：指甲油、去光剂累计不超过 50 mL。

（6）火柴、打火机：安全火柴不超过 2 小盒，普通打火机不超过 2 个。

三、常见的匿报品名

1. 玩具

烟花、鞭炮；充有压缩气体的喷雾罐；氢气球；发令纸等。

2. 照相器材

摄影用闪光弹；摄影用闪光粉；尼龙丝网感光浆；照相红碘水；58 照相用显影液；

镜头水；照相用清除液、涂底液；修像（相）油；照相显影剂（又名焦儿茶酚、邻苯二酚、对苯二酚，国际编号61725）等。

3. 通信器材

锂电池（以锂和亚硫酰氯为电极的电池，遇水放出氢气、二氧化硫；遇明火易引起爆炸、燃烧；有毒）。

4. 文化用品

贴胡胶；塑料印油、塑料薄膜油墨；印刷油墨（易燃的）；记号笔墨水；氧化锌静电复印油墨、塑料油墨、影印油墨；传真纸黏合剂；各种易燃胶粘剂；打字蜡纸改正液、打字机洗字水；油画调色油、油画上光油；胶片（以硝化纤维为片基的）等。

5. 汽车配件

引擎开导剂（发动机冷起动液）；汽车防冻水（含乙醇和乙醚的制品）；汽车门窗胶、汽缸床垫胶；火补胶；刹车油；酸铅蓄电池等。

6. 电子器件

电子数码管石墨乳；电子束光刻胶；快干助焊剂等。

7. 建筑装饰材料

射弹（建筑安装用）；爆炸式铆钉；擦铜水、淡金水；发光油、鱼鳞光；FT-901堵固剂；聚氨酯化学灌浆材料；地板油；脱漆剂；含有易燃溶剂的油漆、涂料、底漆、填料等；生漆（大漆，有毒）；松香水（油漆稀释剂）；铝银粉；甲醛溶液（作为黏合用干燥剂）等。

8. 日化用品

樟脑、樟脑油；乳香油；染皮鞋水；阳离子表面活性洗涤剂；皮革光亮；皮革光滑剂；洗甲水，去光水（指甲油的除去剂）；皮肤防护膜；纽扣磨光剂；含有易燃溶剂的香精、香料；服装干洗剂（四氯乙烯）；安全火柴；打火机（装有易燃气体的）；灭火器（装有压缩或液化气体的）；冷气罐；喷雾罐类；蚊香料（木炭粉）；皮革鞣制剂（又名红矾钠）等。

9. 西药及中药材

冰片；皮肤防护膜；鸡眼水；消毒剂（醋酸汞、葡萄糖酸汞、水杨酸汞、苯甲酸汞等）；牙托水（甲基丙烯酸甲酯）；癣药水（含酒精）；碘酒（32147）；氢化可的松涂膜剂；硫汞白癜风搽药；土荆芥油（又名除蛔素、除蛔油）；医用羊肠线；过氧化氢（又名双氧水，8% ≤含量<20%）；过氧乙酸；高锰酸钾（又名灰锰氧、PP粉）；一氧化铅（又名“密陀僧”“黄铅丹”，有毒）；士的宁（马钱子碱）；烟碱（尼古丁）；三氧化二砷（砒霜，剧毒）；漂白粉等。

10. 酒

含有酒精的各种饮料，根据含量不同，闪点在23~61 ℃，酒精含量（按体积比）

≥24%，每一容器盛装≥5 L的（除此规定外，可按普通货物运输的白酒，不得混装）。

所列危险货物品名成分或理化性质有变化，以国家安监部门认定的鉴定部门书面鉴定结论为准。对理化性质不明的化学物品，铁路无法确认是否属于危险物品，必须到国家安监部门认定的鉴定部门鉴定，书面鉴定结论为非危险物品，否则铁路不予承运。

四、管制刀具和仿真枪认定标准

（一）管制刀具认定标准

（1）凡符合下列标准之一的，可以认定为管制刀具

①匕首：带有刀柄、刀格和血槽，刀尖角度小于60°的单刃、双刃或多刃尖刀，如图2－1－1所示。

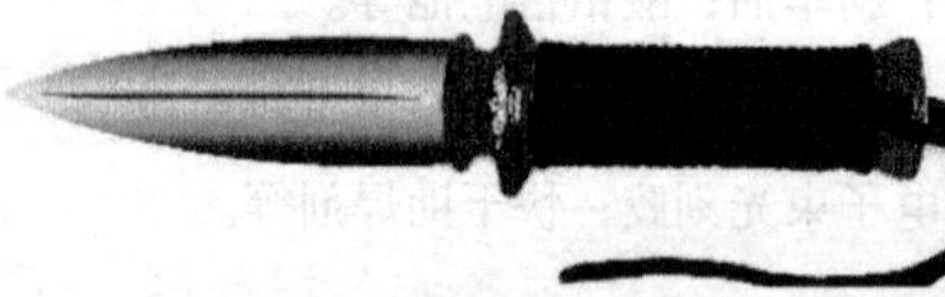

图2－1－1　匕首

②三棱刮刀：具有三个刀刃的机械加工用具，如图2－1－2所示。

图2－1－2　三棱刮刀

③带有自锁装置的弹簧刀（跳刀）：刀身展开或弹出后，可被刀柄内的弹簧或卡锁固定自锁的折叠刀具，如图2－1－3所示。

图2－1－3　弹簧刀

④其他相类似的单刃、双刃、三棱尖刀：刀尖角度小于60°，刀身长度超过150 mm的各类单刃、双刃和多刃刀具，如图2－1－4所示。

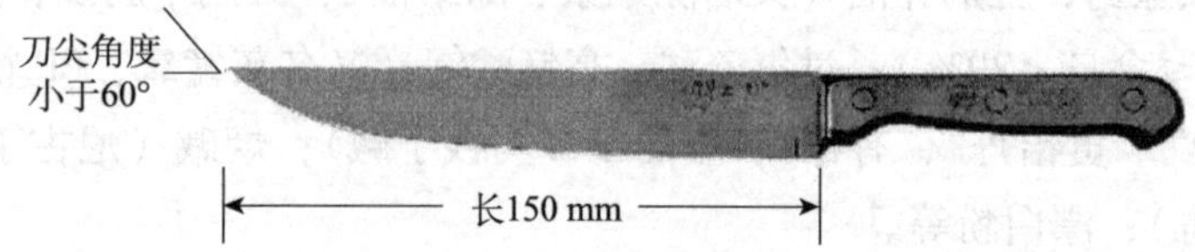

图2－1－4　单刃刀

⑤其他：刀尖角度大于60°，刀身长度超过220 mm的各类单刃、双刃和多刃刀具，

如图 2 –1 –5 所示。

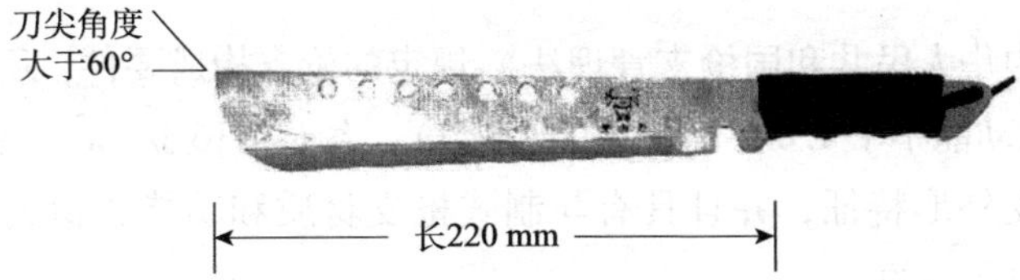

图 2 –1 –5　其他类刀

（2）未开刀刃且刀尖倒角半径大于 2. 5 mm 的各类武术、工艺、礼品等刀具不属于管制刀具范畴。

（3）少数民族使用的藏刀、腰刀、靴刀、马刀等刀具的管制范围认定标准，由少数民族自治区（自治州、自治县）人民政府公安机关参照本标准制定。

（4）术语解释：

①刀柄，是指刀上被用来握持的部分。

②刀格（挡手），是指刀上用来隔离刀柄与刀身的部分。

③刀身，是指刀上用来完成切、削、刺等功能的部分。

④血槽，是指刀身上的专用刻槽。

⑤刀尖角度，是指刀刃与刀背（或另一侧刀刃）上距离刀尖顶点 10 mm 的点与刀尖顶点形成的角度。

⑥刀刃（刃口），是指刀身上用来切、削、砍的一边，一般情况下刃口厚度小于 0. 5 mm。

刀具组成结构如图 2 –1 –6 所示。

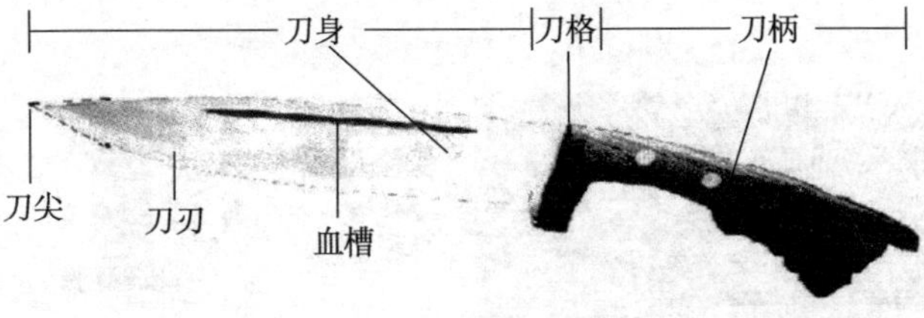

图 2 –1 –6　刀具组成结构

⑦刀尖倒角，是指刀尖部所具有的圆弧度。

刀尖倒角如图 2 –1 –7 所示。

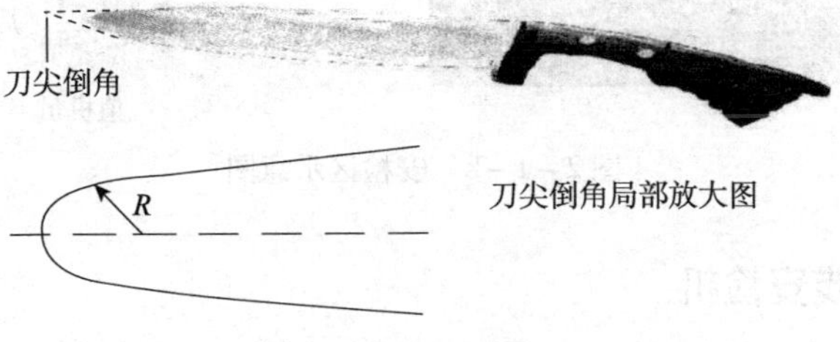

图 2 –1 –7　刀尖倒角

（二）仿真枪认定标准

（1）符合《中华人民共和国枪支管理法》规定的枪支构成要件，所发射金属弹丸或其他物质的枪口比动能小于 1.8 J/cm^2（不含本数）、大于 0.16 J/cm^2（不含本数）的。

（2）具备枪支外形特征，并且具有与制式枪支材质和功能相似的枪管、枪机、机匣或者击发等机构之一的。

（3）外形、颜色与制式枪支相同或近似，并且外形长度尺寸介于相应制式枪支全枪长度尺寸的$\frac{1}{2}$与 1 倍之间的。

（4）枪口比动能的计算，按照《枪支致伤力的法庭科学鉴定判据》规定的计算方法执行。

（5）术语解释：

①制式枪支。国内制造的制式枪支是指已完成定型试验，并且经军队或国家有关主管部门批准投入装备、使用（含外贸出口）的各类枪支。国外制造的制式枪支是指制造商已完成定型试验，并且装备、使用或投入市场销售的各类枪支。

②全枪长度。是指从枪管口部至枪托或枪机框（适用于无枪托的枪支）底部的长度。

五、安全检查设施和设备

安全检查设施和设备主要包括 X 射线安检机、安检门、爆炸物与毒品检测仪、液体安检仪、手持式金属探测器等。X 射线安检机、安检门、危险品处置台、防爆罐设在旅客进站流线、高速铁路快运营业场所的适当位置，不影响旅客通行。安检区示意图如图 2－1－8 所示。

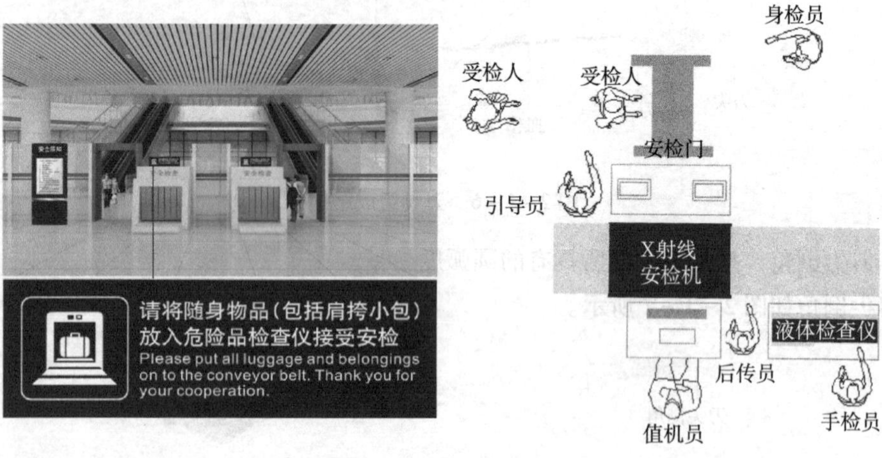

图 2－1－8　安检区示意图

（一）X 射线安检机

X 射线是一种电磁波，它的波长比可见光的波长短，穿透力强。X 射线安检机是借助输送带将被检查物品送入 X 射线检查通道来完成检查的电子设备。物品进入 X 射线检查通道，将阻挡包裹检测传感器，检测信号被送往系统控制部分，产生 X 射线触发信号，触发 X 射线的射线源发射 X 射线束。X 射线束穿过输送带上的被检物品时，X 射线被被检物品吸收，触发安装在通道内的半导体探测器。半导体探测器把 X 射线转变为电信号，这些很弱的电信号被放大并送到信号处理机做进一步处理，经处理后通过显示屏显示出来。一般来说，无论箱包有几层，X 射线都能穿透。常见的 X 射线安检机示意图如图 2－1－9 所示。

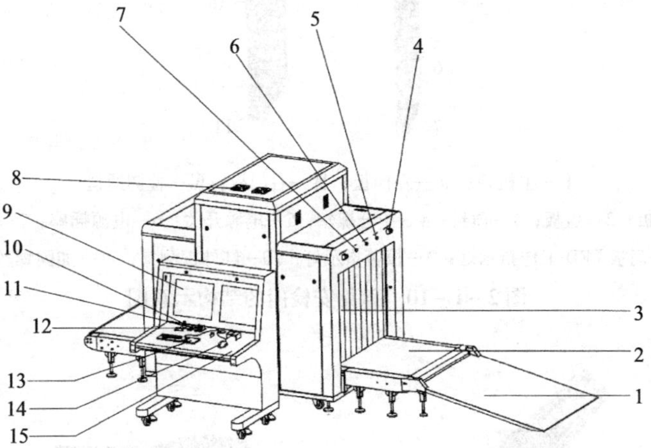

1—接物架；2—传送带；3—铅门帘；4—紧急停止按钮；5—报警指示灯（黄色）；6—电源指示灯（绿色）；7—X 射线指示灯（红色）；8—散热风扇；9—显示屏；10—钥匙开关；11—启动按钮；12—紧急停止按钮；13—专用键盘；14—鼠标；15—控制台

图 2－1－9　常见的 X 射线安检机示意图

（二）安检门

安检门是一种检测受检人有无携带金属物品的探测装置，又称金属探测门、探测门。安检门主要应用在机场、车站、大型会场等人流较大的公共场所，用来检查人身体上隐藏的金属物品，如枪支、管制刀具等。

常见安检门的结构示意图如图 2－1－10 所示。

（三）手持式金属探测器

手持式金属探测器仅为安全检查辅助手段，其型号及生产厂家较多，但基本原理相同，如图 2－1－11 所示。

1. 基本原理

通电后在前端的线圈产生电磁场，当探测器掠过或者接近金属时，与金属物品产生相对运动，切割磁力线使磁场参数发生变化，电磁场检测电路检出变化量，通过电路处理而报警，红色指示灯亮。

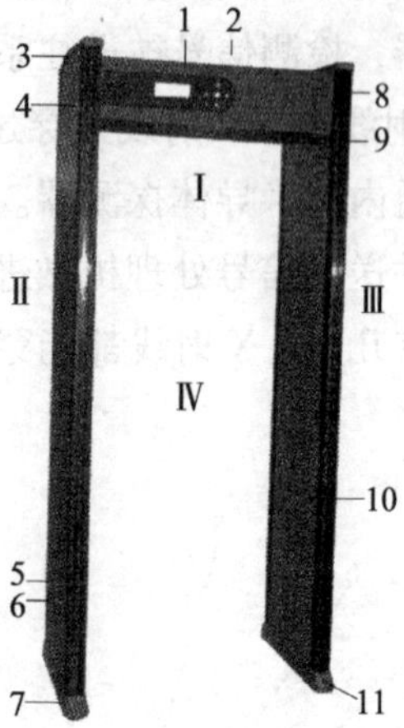

Ⅰ—主机箱；Ⅱ—左门板；Ⅲ—右门板；Ⅳ—检测通道；
1—面板；2—盖板；3—顶封；4—接合螺丝；5—电源开关；6—电源插座；7—脚套；
8—门板 LED 工作指示灯；9—报警指示灯；10—红外探测口；11—加固螺丝孔

图 2-1-10 常见安检门的结构示意图

(a) GP-3001B1型 (b) HY-1001型

图 2-1-11 手持式金属探测器

2. 主要功能

对铁、铅、金、铜的探测能力较强，对铝、锌、锡、铬或合金的探测能力较弱。

3. 使用注意事项

(1) 使用前检查电源是否已打开。未打开开关会造成无效探测；长时间不使用而未关闭开关会浪费电能，影响使用。

(2) 检查电池电量是否充足。如电池电量不足，探测时会出现报警音持续过长或音调、音量异常等情况。

(3) 使用探测器前端进行探测。起探测作用的部分通常在前端，这是由产生磁场的电磁线圈所在位置决定的。

(4) 用较宽的面进行探测。手持式金属探测器探测部分大都是扁平的，检查时使用较宽的面进行探测，以保证同时具有较高的灵敏性和探测速度。

(5) 探测部件与受检物保持 5～7 cm 的距离。5～7 cm 是最佳探测距离，过远可能会造成探测失误。

六、识别安检仪图像的主要方法

1. 形状判断法

形状判断法，即通过安检图像中物体的形状轮廓对物体性质进行判别的方法。有些物品虽然 X 射线穿不透，但物体轮廓清晰，可直接判断其性质。

2. 颜色判断法

颜色判断法，即根据安检仪成像原理，通过安检仪对物质颜色的定义，从呈现的颜色来判断物品的性质。如玻璃一般是绿色的，剪刀一般是蓝色的。橙色表示有机物（食品、纸张、塑料、炸药、毒品等原子序数小于 10 的物质）；蓝色表示无机物（重金属等原子序数大于 18 的物质）；绿色表示混合物（有机物与无机物的重叠部分和原子序数为 10 ~ 18 的物质）；红色、黑色表示厚度大、X 射线穿不透的物体。

3. 排除判断法

排除判断法，即通过对整张安检图的观察，排除已经判定的物品，对剩下的物品进行重点检查。如将图像上已经确认的安全物品（皮鞋、衣架等）排除，再对剩下的图像进行重点分析。

4. 观察询问判断法

观察询问判断法，即通过观察旅客的性别、口音、着装、表情等信息来判断其携带物品的性质。如发现异常情况，安检员必须仔细检查其携带物品。

5. 角度判断法

角度判断法，即对物品各个角度的图像特征加以分析并进行判断。如枪支刀具的安检仪扫描图像在正放角度物品特征比较明显，而直放、斜放角度的物品特征相对不明显。

6. 功能键判断法

功能键判断法，即充分利用安检仪功能键的分析功能对安检图像进行分析比较。如有机物无机物剔除键能对物品的性质进行判断；图像加亮键能识别颜色较深的图像；图像加暗键能识别颜色较浅的图像。通过一键操作可以使图像识别变得简单，效率大幅提升，从而使安检的准确率和速度都大幅提高。安检仪功能键如图 2 - 1 - 12 所示。

7. 重点判断法

重点判断法，即抓住图像中难以判明性质、射线穿不透的物品及有疑点的地方进行重点分析。主要针对电器、电池、配件等物品的检查。

8. 共性判断法

共性判断法，即举一反三法，通过抓住某个物品的结构特征来推断其他同类物品。如打火机一般有液体打火机和气体打火机，都可通过其点火装置的特征来判断。

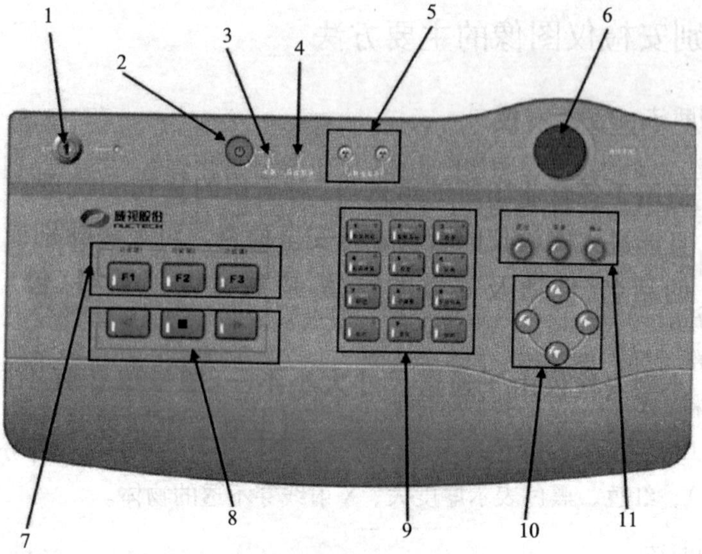

1—钥匙开关；2—电源按钮；3—电源指示灯；4—自检等待；5—X 射线指示灯；6—急停按钮；7—自定义功能键；8—传送控制键及按键指示灯；9—图像处理功能键；10—导航键；11—菜单组键

图 2－1－12　安检仪功能键

9. 特征判断法

特征判断法，即结构判断法，抓住某个物品的结构中的一些特征进行判断。如电动剃须刀内含电机、剃须刀头或电池等物品。

10. 联想判断法

联想判断法，即通过图像中一个可判明的物品来推断另一个物品。如图像中识别出水果，其旁边可能会有水果刀等利器类物品。

11. 综合判断法

综合判断法，即利用上述方法中的几种同时对图像进行判断识别。在平常的安检查危中对于复杂图像的处理，往往也是多种图像判断方法的叠加使用，这样才能将复杂的图像情况变得简单、明确，从而达到对图像判定的目的。

上述的安检图像判断识别方法也并非完全独立，而是互相关联、互为补充的，识别图像时应灵活运用，多方法判别。安检图像示例如图 2－1－13 所示。

七、物品开箱（包）检查

（一）开箱（包）检查的重点对象

（1）当用安检仪检查时，图像模糊不清无法判断物品性质的。

（2）当用安检仪检查时，图像重叠情况严重，X 射线无法穿透难以识别的箱包。

（3）当用安检仪检查时，声明不能用安检仪检查的物品。

（4）当用安检仪检查时，由于体积所限，且不明内部所装具体物品的。

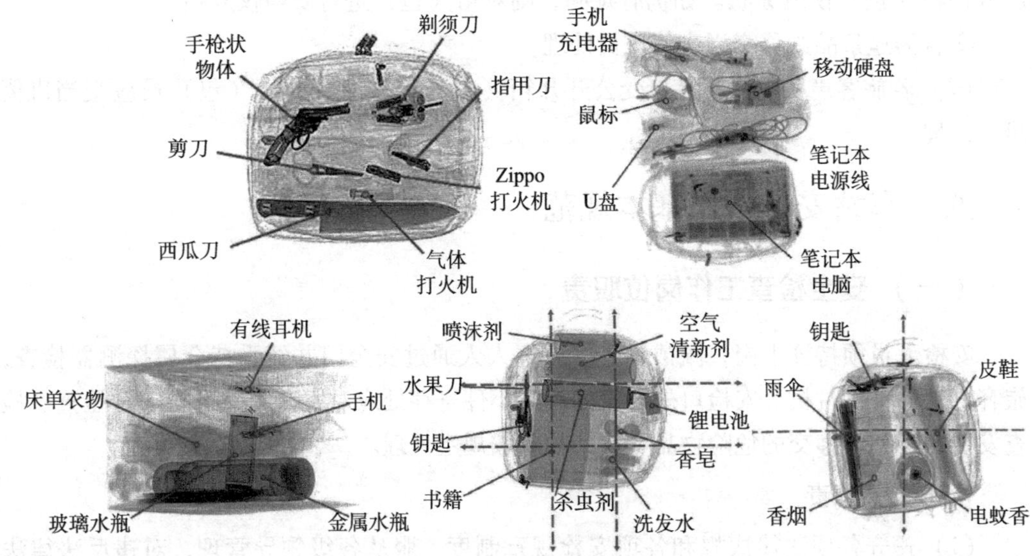

图2-1-13　安检图像示例

（5）箱（包）内物品包装标识与所装液体不符的物品。

（6）当用安检仪检查时，发现有类似枪械刀具、电池、导线、粉末状、液体状及其他可疑物品的。

（二）开箱（包）检查的要求及注意事项

（1）开箱（包）检查员应站立在安检仪传送带出口处疏导箱（包），避免过检箱（包）被挤、被压、翻滚。

（2）当有携带品需要开箱（包）检查时，执机员给开箱（包）员以语言提示，在旅客到达前，开箱（包）员控制住需开箱（包）检查的箱（包）；待旅客到达后，开箱（包）员请旅客自行打开箱（包），对箱（包）实施检查（如箱（包）内疑有枪械刀具、爆炸物等危险性大的物品，开箱（包）员应采取措施控制住箱（包）和旅客，做到人包分离）。

（3）开箱（包）检查时，开启的箱（包）应侧对旅客，使其能通视自己的物品。

（4）根据执机员的提示，对箱（包）进行有针对性的检查。已查和未查的物品要分开，放置要整齐有序。

①检查箱（包）的外层时应注意检查其外部小口袋及有拉链的外夹层。

②检查箱（包）的内层和夹层时应用手沿包的各个侧面上下摸查，将所有的夹层、底层和内层小口袋完整地、认真地检查一遍。

（5）检查过程中，开箱（包）员应根据物品种类采取相应的方法（看、听、摸、拆、捏、掂、嗅、探、摇、烧、敲等）进行检查。

（6）开箱（包）员请执机员对检查出的物品进行复核。

①若属安全物品，示意执机员确认后，交还旅客或将物品放回箱（包）内，协助

旅客将箱（包）恢复原状。如仍有疑问，则对箱（包）进行安检仪复检。

②若为违禁品则移交当班值班员处理。

（7）若旅客声明物品不宜接受公开开箱（包）检查时，开箱（包）员应交当班值班员处理。

八、车站安检工作基本规范

（一）安全检查工作岗位职责

安检人员须持证上岗，佩戴标志。旅客人人通过安全门并经手持金属探测器检查，旅客携带品件件过机。安检口外开设的车站小件寄存处应对寄存物品进行安全检查。检查发现的和列车移交的危险物品、违禁品应按规定处理。

1. 安检员职责

（1）遵守各项法律法规和各项安检规章制度，服从各级领导管理，对违反法律法规或安检规章制度的现象应制止并及时向上级报告。

（2）认真履行岗位职责，严格遵守工作纪律，不擅离职守，不做与工作无关的事情。

（3）按规定着装上岗，规范佩戴标志，自觉维护安检人员岗位形象。

（4）熟练掌握各种安检设备的操作及识别方法。

（5）按照“逢包必检”的安检要求，负责宣传引导旅客进入安检区域。

（6）对可疑物品进行针对性探测，初步确定可疑物品性质，必要时及时将可疑物品移交现场公安人员处理并做好记录。

（7）文明值岗，态度和蔼，遇事讲究方式方法，做到以理服人。

2. 指挥员职责

（1）负责安检区域的安检设备及人员的管理。

（2）认真组织安检区域的安检人员按照作业流程积极主动地进行安检，确保安检质量和效果。

（3）明令禁止携带的物品且不构成公安机关处理的，做好处置工作。指挥员无法处理的，要及时移交现场公安人员。

（4）监督、督促执机员按要求填写《违禁品登记簿》并做好统计上报工作。

（5）在确保安检工作正常的前提下，合理安排安检人员的休息及用餐时间。

（6）在上岗过程中，严格执行“温馨提示”的要求。

（7）负责安排安检区域的卫生清扫工作，坚持随脏随扫。加强对安检区域安检人员的管理，认真落实各项安检工作规章制度。

3. 引导员职责

（1）在指挥员的领导下开展安检工作。

（2）对乘客携带的超长、超高、超大物品（体积大于X射线安检机检测通道），易碎物品（玻璃器皿、工艺品），易损物品（食品、药品、电脑）等不宜机检的物品，要及时提醒手检员进行手检。

（3）引导乘客配合安检。

（4）遇特殊群体（包括残障人士、孕妇等），提醒手检员进行手检。

（5）及时、准确地发现可疑人、可疑物。

4. 手检员职责

（1）在指挥员的领导下开展工作。

（2）及时对乘客携带的超长、超高、超大物品（体积大于 X 射线安检机检测通道），易碎物品（玻璃器皿、工艺品），易损物品（食品、药品、电脑）等不宜机检的物品进行手检。

（3）检查中发现可疑物品应及时向指挥员报告。

（4）负责各类安检设备的摆放及保管（将手检设备整齐摆放在安检桌的空白位置，将防爆毯摆放在安检机周围不阻碍乘客的地方，将防尘罩叠好放入安检亭或放入安检机底部的适当位置）。

5. 执机员职责

（1）在指挥员的领导下开展安检工作。

（2）负责填写《违禁品登记簿》。

（3）熟练掌握图像识别技能，熟悉危险物品的外部特征，及时、准确地观察、识别可疑物。

（4）发现可疑物品，及时向指挥员报告并进行妥善处理。

（5）负责 X 射线安检机、显示器、键盘的保管。

（二）安检工作流程

1. 岗前准备

（1）集合点名：指挥员根据工作要求，集合安检员，开展点名工作，确保执勤人员全部到位。

（2）着装检查：安检员、引导员、手检员列队，指挥员开展着装检查工作，各岗位人员相互整理帽子、上衣、标识、裤子、鞋子等，发现问题进行调整。

（3）到达现场：指挥员掌控时间，要求提前 20 min 到达任务现场。

（4）分配岗位：按照任务要求，按小组分配岗位，确定小组组长。

（5）传达要求：指挥员现场叙述各岗位的岗位职责、细则、注意事项等。

（6）分配装备：以小组为单位，配发对讲机、对讲耳机、取证仪器、手持探测仪等装备。

（7）检查装备：测试、检查装备的性能，确定装备的使用分工（装备如有问题须及时上报指挥员，以便进行调整）。

2. 开展执勤

（1）文明执勤：安检各岗位人员要做到语言文明、动作文明、微笑执勤。

（2）检查安检设备：执机员提前 10 min 开启安检设备，其他岗位人员配合进行安检设备性能检测。

（3）事件处置：发现不配合检查者，安检人员须立即上报组长，组长与其沟通，如无效果，上报指挥员及现场公安人员，请求指示。经检查发现对方携有疑似违禁物品，安检人员立即请对方配合，进行复查。对于查出的违禁物品，安检人员须按规定妥善处理。

（4）违禁物品的保管：安检人员明确告知对方，对于违禁物品铁路部门无保管和丢失赔偿义务。收缴的物品须集中存放，并做好书面记录，禁止据为己有。

3. 任务结束

（1）关闭设备：待指挥员下达停止工作命令后，各小组关闭安检设备。根据需要做好设备断电、防雨、防盗、防破坏等保管工作。

（2）上交违禁物品：安检人员上交违禁物品，组长负责盘点，核对记录本。以小组为单位，配合指挥员，向执法部门或铁路相关部门上交违禁物品。

（3）上交装备：组长负责检查对讲机、对讲耳机、取证仪器、手持探测仪等装备的使用情况，检查无问题后上交指挥员。

（4）收队撤回：各小组进入集合地点，指挥员整队清点人数，讲评执勤工作，收队撤回。

安全检查作业内容及质量标准见表 2－1－1。

表 2－1－1　安全检查作业内容及质量标准

作业程序	作业项目	作业内容	质量要求
接班	班前准备	1. 按车站规定时间、地点，统一着装集中参加点名 2. 认真听取上级有关文电命令、指示和工作布置 3. 接受业务抽问	1. 着装统一，佩戴规定标志或安全检查证，仪容整洁，精神饱满 2. 准时到达，认真听记，接受提问，回答正确
	对岗接班	1. 交接设备、备品、台账资料，确认设备技术状况，发现备品缺少，设备损坏时办理签认手续 2. 分工做好责任区卫生工作，养护安检设备，整理摆放台账资料 3. 对岗签字交接	1. 备品齐全，设备运行正常，台账资料填写完整，备品定位摆放整齐，责任明确 2. 岗位环境整洁，机房内无杂物，安检仪清洁无积灰
班中作业	客运安全检查	1. 引导员立岗于安检仪前侧，宣传并引导旅客将携带物品有序过机检查 2. 值机员密切注视显示器屏幕，及时发现可疑物品，指导引导员开包检查 3. 对不易判明的、又不能界定和提供性质的可疑物品，拒绝携带进站上车或托运	1. 引导员举止端庄、语言文明规范，过机秩序良好、检查率 100% 2. 值机员做到精神集中、坐姿端正，不离岗、串岗、打瞌睡。机房无吸烟和闲杂人员进入。若发现情况，及时通知人工开包检查

续表

作业程序	作业项目	作业内容	质量要求
班中作业	危险品的处理	1. 对查获的危险品，设专人管理，及时进行登记，需立即处理的应及时交执勤民警处理 2. 对查获的违禁品及相关人员，及时交执勤民警处理，做好交接记录 3. 安全检查过程中若发现形迹可疑人员拒绝检查或有意刁难、闹事人员，及时交执勤民警处理	1. 不擅自处理，认真交接清楚。公安所处理后，有处理结果记载 2. 妥善处理，不激化矛盾。及时交公安所处理
	安检仪的保养	1. 安检仪不得长时间不间断运行 2. 随时注意安检仪的运转状态，发现异常，及时关机，做好记录，通知维修单位进行维修。同时，启动应急预案，采取人工开包检查 3. 做好安检仪及周围环境卫生，做到随脏随扫（随抹）	1. 按规定停机养护，有条件的换机运行 2. 报修及时，修复时间不超过 24 h，确保使用 3. 设备、环境干净，设备养护到位
交班	交班准备	1. 下班前分工对机房、安检仪进行清扫、擦抹工作，清理备品用具 2. 填写设备运转技术台账，填写交班本	1. 各种台账填写完整，准确无误 2. 将查获危险品上交专管人员并签字确认。做到一班一清 3. 保持机房内和设备的清洁、卫生 4. 备品、用具不短少，定位摆放整齐
	对岗交班	1. 设备、备品、台账资料清点交接 2. 参加完工会，进行考评	1. 交接清楚，责任明确，有记录，有签名 2. 准时参加，实事求是汇报，认真考评，严格考核

任务训练

实训项目	高速铁路客运携带品的查堵及处理作业训练
实训目标	1. 结合实际，加深对安检工作的认识与理解 2. 培养对安检工作的学习兴趣
实训内容及组织	由教师组织，学生自愿组成小组，每组 6 ~ 8 人，选择以下题目进行安检作业内容训练 1. 举例说明违禁品如何识别 2. 结合实际谈谈高速铁路安检工作的重要性 3. 正确操作安检设备 4. 讲述安全检查作业内容及质量标准
实训考核	1. 每组提交一份实训报告 2. 各组进行汇报 3. 教师根据各组的实训报告与课堂汇报进行评估

任务二

高速铁路客运防火安全及电器安全操作

知识目标

能够正确使用灭火器材，能够进行高速铁路车站和列车火灾的应急处置。

能力目标

掌握火灾的原因及灭火的基本方法，掌握高速铁路车站和列车防火安全及电器安全要求。

相关知识

凡在时间或空间上失去控制的燃烧所造成的灾害，都称为火灾。燃烧是可燃物与氧化剂作用发生的一种放热发光的剧烈化学反应，通常伴有火焰、发光和（或）发烟现象。根据燃烧对象的不同，火灾可分为建筑火灾、露天火灾、交通运输火灾、森林与草原火灾等。

一、火灾的原因

可燃物在燃烧过程中，生成了与原来物质完全不同的新物质。燃烧产物的数量、组成等随着物质的化学组成及温度、空气的供给情况等的变化而不同。

（一）燃烧的基本条件（必要条件）

人们在长期用火的实践中发现，要发生燃烧必须具备下列 3 个基本条件（又称燃烧的三要素或必要条件）。

1. 可燃物

不论固体、液体、气体，凡能在空气、氧气或其他氧化剂中发生剧烈化学反应而燃烧的物质，都称为可燃物，如木材、纸张、汽油、乙醇、氢气、乙炔、钾、钠、镁等。可燃物按化学组成分为无机可燃物（占少部分）和有机可燃物（占绝大部分）两大类，其燃烧的难易程度，一般是气体易燃烧，其次是液体，最后是固体。

2. 助燃物（又称氧化剂或助燃剂）

与可燃物相结合并能帮助、支持和导致着火或爆炸的物质，称为助燃物，如空气、氧气、氯、氯酸钾、过氧化钠、高锰酸钾等。

3. 着火源

凡能引起可燃物着火或爆炸的热能源，统称为着火源（又称点火源）。常见的着火源有明火焰、炽热体、化学热能、电热能，以及机械能、生物能、光能、核能等转化而成的热能。

（二）燃烧的辅助条件（充分条件）

1. 可燃物达到一定浓度

可燃物与助燃物（氧化剂）必须达到适当的浓度比例。

2. 助燃物比例足够

助燃物的含量必须满足燃烧需求。实验表明，大多数可燃物在氧气含量低于 16% 时无法燃烧。

3. 着火源具备足够能量

无论何种形式的着火源，其能量必须达到可燃物的最小点火能，否则无法引燃。

4. 可燃物、助燃物和着火源三者相互作用

燃烧不仅要同时具备可燃物、助燃物和着火源，还必须满足三者在浓度、数量和能量上的匹配，并且要在时间和空间上相互结合、相互作用。

（三）燃烧的类型与产物

1. 燃烧的类型

人们在长期用火和同火灾作斗争的实践中发现，燃烧按其形成条件和发生特点，一般分为闪燃、着火、自燃和爆炸四种类型。掌握燃烧的类型，对于认识火灾的危险性以及预防和扑救火灾是十分重要的。

（1）闪燃。在一定温度下，易燃或可燃液体（包括能蒸发蒸气的少量低熔点固体，如石蜡、樟脑等）蒸气与空气混合后达到一定的浓度时，遇火源产生一闪即灭的火苗或火光，这种现象称为闪燃。闪燃往往是着火的先兆。

（2）着火。可燃物在空气中与火源接触，达到某一温度时，开始产生有火焰的燃烧，并在火源移去后仍能持续燃烧的现象，叫作着火。着火就是燃烧的开始，并且以出现火焰为特征。

可燃物开始持续燃烧所需要的最低温度，叫作该物质的着火点（又称燃点或火焰点）。可燃物没有达到燃点时，是不会着火的。根据可燃物的燃点高低，可以衡量其火灾危险程度。可燃物的燃点越低，越容易着火，火灾危险性也就越大。将可燃物温度控制在燃点以下，是预防火灾发生的措施之一。火场上对燃点低的物质进行冷却或疏散，

可以阻止火势蔓延。在灭火中使用冷却法，其原理就是将着火物质的温度降到燃点以下，使火熄灭。

（3）自燃。可燃物在空气中没有外部火花、火焰等火源的作用，因受热或自身发热并蓄热产生的自行着火现象叫作自燃。

在一定的条件下，可燃物发生自燃的最低温度，叫作该物质的自燃点。在这一温度时，可燃物与空气（氧）接触，不需要明火，就能发生燃烧。可燃物的自燃点越低，发生火灾的危险性就越大。

（4）爆炸。爆炸是指由于物质急剧氧化或分解反应产生温度、压力增加或两者同时增加的现象。从广义上讲，物质由一种状态迅速地转变为另一种状态，并在瞬间以机械功的形式释放出巨大能量，或是气体、蒸气在瞬间发生剧烈膨胀现象，叫作爆炸。

爆炸最重要的一个特征就是爆炸点周围发生剧烈的压力突跃变化。爆炸按其爆炸过程的性质，通常分为核爆炸、物理爆炸和化学爆炸。常见的是物理爆炸和化学爆炸。

2. 燃烧产物

由燃烧或热解作用而产生的全部物质，称为燃烧产物。通常指燃烧生成的气体、热量、可见烟等。燃烧产物一般具有很强的毒性。如火灾产生的烟气就含有大量的一氧化碳、氰化氢、二氧化硫、二氧化氮等有毒成分，这些气体均对人体有不同程度的危害，刺激人的呼吸中枢，导致呼吸急促、烟气吸入量增加，还会引起头痛、神志不清等症状，进而致人死亡。

3. 燃烧过程

（1）气体。直接燃烧，分为扩散和爆炸（预混）燃烧。

（2）液体。液体蒸发成蒸气，以气体形式燃烧。

（3）固体。

简单固体：受热升华产生蒸气燃烧，如樟脑、萘等。

低熔点固体：受热熔化后蒸发成蒸气燃烧，如蜡烛、松香、硫黄、磷等。

复杂固体：分解燃烧。例如，木材受热蒸发掉水分，析出不燃气体，然后外层分解出可燃气体，以氢和甲烷为主；同时放出热量，开始剧烈氧化，出现有焰燃烧；当木材分解完后，有焰燃烧停止，进入无焰燃烧阶段。

4. 热传播的途径

热传导——如金属导热；热对流——室内火灾向上蔓延的主要方式；热辐射——如某建筑着火烤燃相邻建筑。

（四）常见引起火灾的原因

通过对不同类型的火灾进行综合分析、分类、判断可知，直接引起火灾的原因包括以下几种。

（1）用火不慎。如炊事、取暖、吸烟、驱蚊、烘烤、照明等。

（2）违反安全操作规程。在生产过程中职工因思想麻痹、责任心不强、劳动纪律松弛或不懂安全操作知识，违反操作规程而引起火灾爆炸事故。

（3）违反电器安全使用规定。违反电器安全使用规定是指在生产、生活中未按规定安装电器线路和设备，导致电器设备过热或线路短路、绝缘不良或老化、接触不良等问题，进而引发超负荷、接触电阻过大等现象，产生过热电弧、电火花等，最终造成火灾事故。

（4）吸烟。例如乱扔烟头或火柴梗，在禁烟场所吸烟，或人睡前、醉酒后卧躺在沙发或床上吸烟而引燃卧具等。

（5）自燃。包括受热自燃或自热自燃而引发火灾、爆炸事故。

（6）静电。大量积聚的静电在放电时会引燃可燃或易燃物质。

（7）雷击。一种常见的自然现象，可能引发火灾。

（8）纵火（放火）。因人为故意放火而导致火灾。

（9）其他火灾原因。如地震、火山喷发等自然灾害而引起火灾。

综上所述，火灾原因可归纳为3个方面：一是人的不安全行为（含放火）；二是物质的不安全状态；三是工艺技术的缺陷。

二、灭火的基本方法

1. 隔离法

隔离法是将燃烧物与附近可燃物隔离或者疏散开，让已经燃烧的物质自行燃烧完而熄灭。

2. 冷却法

用灭火剂直接喷射到燃烧物体上，使可燃物温度降至燃点以下。

3. 窒息法

采取适当措施阻止空气进入燃烧区，或用惰性气体稀释空气中的氧含量，使燃烧物质缺乏或者断绝氧气而熄灭。

4. 抑制法

将化学灭火剂喷入燃烧区域参与燃烧反应，终止链式反应而使燃烧反应停止。

三、消防设备、器材及标志

（一）灭火器

灭火器是指在内部压力下，将充装的灭火剂喷出以扑灭火灾的灭火器材。按照充装灭火剂的不同，灭火器可分为水基型、干粉型、二氧化碳型、洁净气体型；按照驱动灭火器压力形式的不同，灭火器可分为储气瓶式和储压式；按照移动方式的不同，灭火器可分为手提式和推车式。

1. 常用灭火剂和灭火机理

水基型：对可燃物进行冷却降温；干粉：抑制作用；二氧化碳型：窒息作用；泡

沫：窒息、冷却和隔离；卤代烷：抑制作用。

2. 灭火器适用范围和使用方法

1）干粉灭火器

适用于扑救石油及其产品、可燃性气体和电气设备的初起火灾。

使用方法：将灭火器提到起火地点，并上下颠倒几次，拔掉铅封和保险栓，接近火源，左手紧握喷管对准火焰根部，右手将手压把压下，干粉即可喷出。

2）泡沫灭火器

适用于扑灭固体、液体、气体等引起的初期火灾。

操作方法：拔出保险栓，提起灭火器，一手握喷管，一手握手压把，对准火源压下手压把，来回摆动喷射，逐步向前，即可灭火。

3）二氧化碳灭火器

适用于扑救图书档案、珍贵设备、精密仪器、少量油类和其他一般物质的初起火灾。

使用方法：将灭火器提到起火地点，拔出保险栓，接近火源，左手紧握喷管对准火焰根部，右手将手压把压下，二氧化碳即可喷出（使用二氧化碳灭火器时要防止冻伤）。

灭火器使用方法如图 2－2－1 所示。

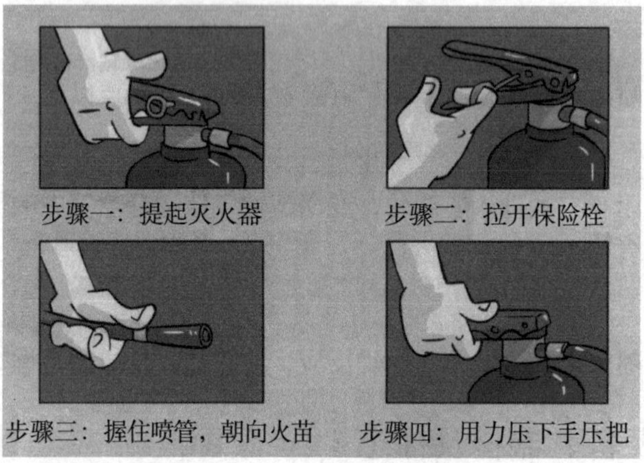

图 2－2－1　灭火器使用方法

（二）消火栓

消火栓（也叫消防栓）分为室内和室外两种，主要是由消防带、水枪、出水阀门组成。它以城市供水（自来水）为水源，不能用来扑救带电设备、有机溶剂和油类火灾。室内消火栓由手轮、盖、本体、阀门、出水口、进水口组成；进水口安装在室内消防给水管道上。使用时先将水枪、水带与消火栓连接好，再按逆时针方向转动消火栓手轮，即可出水灭火。消防带和水枪如图 2－2－2 所示。

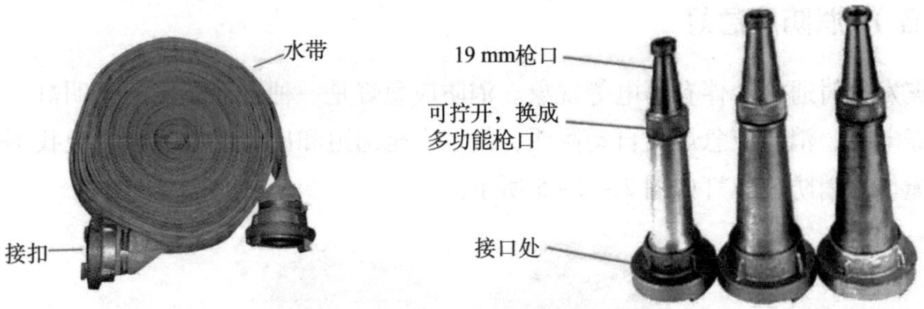

图 2－2－2　消防带和水枪

（三）消火栓报警按钮

当发生火灾时按下报警按钮，消防警铃就会发出火警警报，提醒人们发生火灾。同时，启动消火栓水泵。消火栓报警按钮如图 2－2－3 所示。

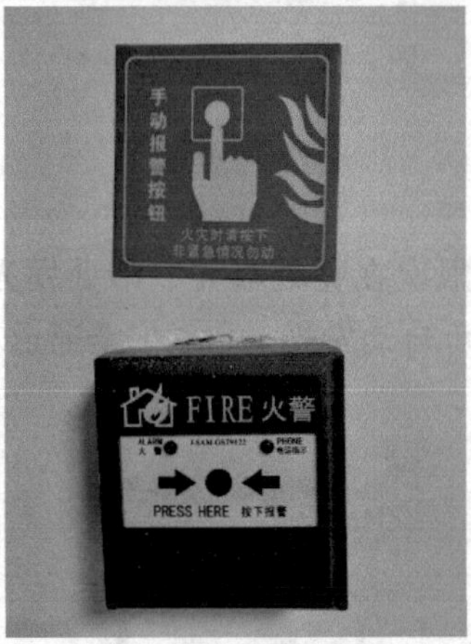

图 2－2－3　消火栓报警按钮

（四）感烟型火灾探测器

当空气中烟的浓度达到一定程度时，感烟型火灾探测器就会自动报警，提醒人们火灾发生的位置。感烟型火灾探测器如图 2－2－4 所示。

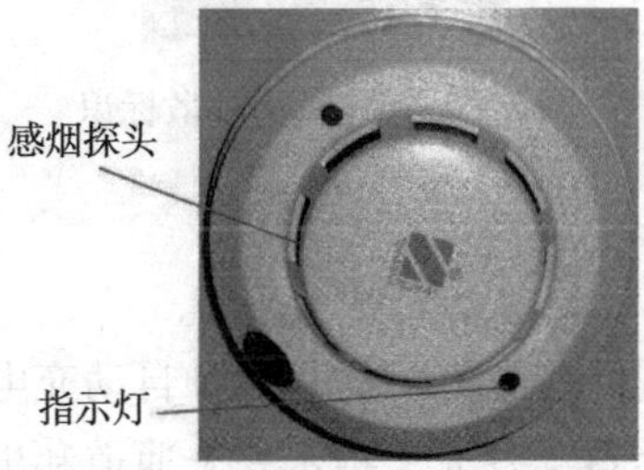

图 2－2－4　感烟型火灾探测器

（五）消防应急灯

火灾发生时通常会伴有停电等现象。消防应急灯是一种自动充电的照明灯，当火灾发生或停电时，消防应急灯会自动照明，指示安全通道和出口的位置，以免找不到安全出口而撞伤。消防应急灯如图 2－2－5 所示。

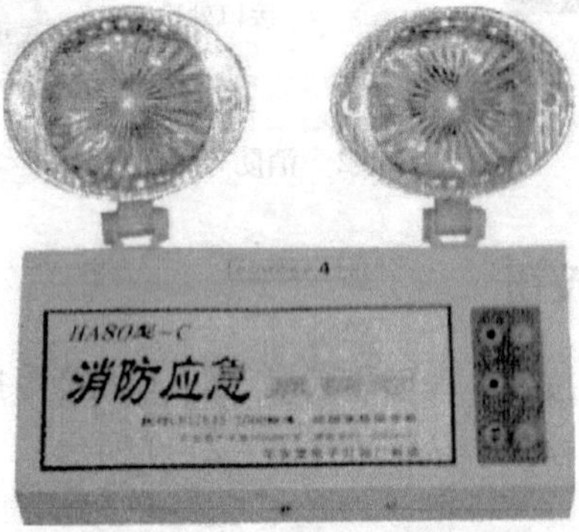

图 2－2－5　消防应急灯

（六）地面疏散标识

地面疏散标识是一种可无限次在亮处吸光、暗处发光的消防指示牌，它可挂、可贴，当火灾发生时在黑暗场所可自动发光，指示安全通道和出口的位置。地面疏散标识如图 2－2－6 所示。

图 2－2－6　地面疏散标识

（七）空中紧急疏散标示牌

空中紧急疏散标示牌和消防应急灯一样是一种自动充电的照明灯，当火灾发生或停电时，空中紧急疏散标示牌会自动发光，指示安全通道和出口的位置。空中紧急疏散标示牌如图 2－2－7 所示。

（八）消防安全门

消防安全门是火灾发生时人们用来逃生的紧急安全出口，平时严禁上锁和堵塞。消防安全门如图 2－2－8 所示。

图 2－2－7　空中紧急疏散标示牌

图 2－2－8　消防安全门

四、车站发生火灾时的应急处理

发现火情后，在场工作人员应立即按响报警器报警，并向上级逐级报告。根据火势大小，拨打 119 火警电话，讲清时间、地点、燃烧物及火势情况，请求支援。车间干部（值班站长）指定专人到进口处引导消防队进入站内起火的具体部位。

（一）车站消防设备设施

将灭火器和消火栓设置在检票口、站台、出站口等地，标识醒目。在卫生间、售票厅等场所顶部安装感烟型火灾探测器，自动监测烟雾的浓度，发生火灾时启动报警。在停车场、楼道等区域的墙面安装疏散指示灯，发生火灾时可引导人员疏散。车站消防设备设施如图 2－2－9 所示。

图 2－2－9　车站消防设备设施

（二）候车区发生火灾事故的应急处置

1. 立即报告

发现火情后，在场工作人员除全力扑救外，应立即按下报警器报警并向上级逐级报告。根据火势大小，视情况拨打119火警电话，讲清时间、地点、燃烧物及火势情况，请求支援。车间干部（值班站长）指定专人到进口处引导消防队进入站内起火的具体部位。

2. 疏散旅客

根据现场实际情况迅速切断自动检票机电源，使自动检票机处于开启状态。客运人员迅速将旅客疏散到安全地带，稳定旅客情绪，消除旅客恐慌心理。

3. 迅速扑救

要根据“先控制，后灭火；先重点，后一般；救人重于救火”的原则，合理选取灭火器材、消火栓等消防工具，紧急扑救灭火，控制火势蔓延。及时切断电源，通知消防监控室启动消防联动设备，设立消防防护区，禁止无关人员穿行。

4. 抢救伤员

积极组织抢救伤员和被困人员，根据受伤情况，及时通知120急救中心，并确切掌握伤员人数、伤势程度等情况。

5. 保护现场

在组织疏散、扑灭火灾、抢救伤员的过程中，要协助公安部门维持秩序，保护现场，避免发生混乱。火灾扑灭后，要彻底清理检查，防止余火复燃，收集、保管旅客遗失物品。

6. 协助查访

协助公安部门查明火灾、爆炸的原因和损失程度。

7. 认真取证

协助公安部门了解情况，提供线索，索取证据。

（三）站内停留列车发生火灾的应急处置

（1）当站内旅客列车发生火灾时，站台作业人员要立即向车站值班员报告，并迅速到列车火灾现场了解情况，将旅客疏散到安全地带。客运值班员要及时向领导汇报列车发生火灾的实际情况。

（2）在扑救中，要根据现场实际情况迅速将列车和站台上的旅客疏散到站区安全地带，最大限度地减少人员伤亡和财产损失。同时，积极协助医疗部门救护伤员。

（3）站台工作人员要积极配合列车工作人员共同做好稳定旅客情绪工作，防止车厢内的旅客发生相互拥挤、踩踏等意外伤亡事故。

（四）离接触网较近火灾的应急处置

在扑救离接触网不足4 m的燃烧物时，必须在得到接触网已经停电的通知后才能用水和一般灭火器灭火；车厢起火部位距带电导线不足4 m时，不得用水救火。救火者所站位置要距离导线2 m以外。

（五）发生火灾时的纪律要求

（1）发生火灾时，任何人不得以任何借口离开车站。

（2）在火灾现场的职工，在火灾初期应奋力灭火，同时以最快的速度报警。

（3）如火灾逼近或上级另有通知，各岗位人员不得擅离职守。

（4）火灾扑灭后，各岗位人员必须保护现场，主动向公安消防部门提供真实线索。

五、动车组列车消防管理

（一）动车组列车的消防安全管理

动车组列车的消防安全管理贯彻“预防为主，防消结合”的方针，坚持“铁路局统一领导、业务部门加强管理、专门机关依法监督”的原则，实行岗位防火责任制和标准化管理。

动车组消防工作在列车长的统一领导下实行岗位防火责任制。动车组应建立由列车长为组长，本务司机、随车机械师、乘警、客运乘务员、随车服务餐饮人员、保洁人员参加的消防安全小组，履行下列职责。

（1）认真贯彻执行上级有关消防工作的规定和工作部署，定期召开消防安全小组会议，组织安排和总结分析消防工作。

（2）组织乘务人员认真学习消防知识，人人达到“三懂三会”（懂得本岗位的火灾危险性、懂得预防火灾的措施、懂得扑救火灾的方法，会报警、会使用灭火器、会扑救初起火灾）。

（3）督促乘务人员落实岗位防火责任制。

（4）做好对旅客的防火安全宣传教育工作，落实易燃易爆危险物品查堵措施。

（5）火灾发生时，启动火灾事故应急预案，疏散旅客，扑救火灾，报告火灾情况。

（6）建立消防安全台账。

动车组上需建立消防安全台账，由列车长负责填写和管理，存放在车队。台账包括以下主要内容：

①上级有关消防工作的文件（复印件或摘抄件）。

②动车组消防安全小组名册。

③火灾事故应急预案及人员分工。

④消防安全小组会议和活动记录。

⑤乘务人员消防安全培训记录。

（二）动车组上各个岗位的防火职责

1. 列车长岗位防火职责

（1）全面负责动车组消防安全管理工作，贯彻上级有关消防工作部署，接受上级的消防安全检查。

（2）检查督促乘务人员落实岗位防火责任制。

（3）主持召开消防安全小组会议，总结分析、安排布置消防工作。

（4）组织乘务人员学习消防知识，提高防火灭火技能。

（5）按规定在运行中进行防火巡查，发现和消除火灾隐患，制止违反消防管理的行为，并做好巡查记录。

（6）组织乘务人员向旅客宣传防火、防爆安全知识，做好易燃易爆危险品查堵工作。

（7）运行中发生火灾时，启动火灾事故应急预案，组织指挥乘务人员疏散旅客，扑灭火灾；及时向列车调度员及有关部门报告，协助公安、安监部门查明起火原因，组织恢复列车运行。

（8）按规定填写消防安全台账。

（9）参加联检交接。

2. 客运乘务员岗位防火职责

（1）严格遵守动车组消防安全规章制度，服从命令，听从指挥，坚守岗位，落实防火措施。

（2）认真巡视车厢，及时制止旅客吸烟。

（3）加强运行中对电器设备、火灾自动报警显示屏的监视，严格执行操作规程，发现报警及故障要及时向列车长或随车机械师报告。

（4）学习消防知识，达到“三懂三会”，熟练掌握火灾应急处理预案。

（5）做好查堵易燃易爆危险品工作，发现易燃易爆危险品要及时报告列车长妥善处理。

（6）当火灾发生时，按火灾事故应急预案立即通知列车长和司机，及时疏散旅客，扑救初起火灾，维护秩序，保护旅客安全。

3. 随车餐饮人员、保洁人员岗位防火职责

（1）遵守动车组消防安全管理规定，服从命令，听从指挥，坚守岗位，严格按操作规程使用电器设备。

（2）学习消防知识，熟练掌握火灾事故应急预案。

（3）当火灾发生时，按火灾事故应急预案立即通知列车长和司机，及时疏散旅客，扑救初起火灾。

（三）动车组消防器材、安全应急设备的配备

1. CRH2A 型动车组

（1）灭火器。全列车共有 36 个灭火器：1 ~ 4 号车厢、6 ~ 8 号车厢各设有 4 个（每

端各设2个），餐车设有6个，每个司机室各设有1个。

（2）紧急破窗锤。全列车共有37个紧急破窗锤：1～4号车厢、6～8号车厢各设有4个，餐车设有5个，每车4个逃生窗旁均设有1个，每个司机室各设有2个。在紧急情况下，旅客可使用紧急破窗锤破窗逃生。

（3）火灾报警按钮、紧急停车按钮。每节车厢内前后两端门上方各设有1个火灾报警按钮、1个紧急停车按钮。若按下此按钮，司机室和乘务员室的显示屏将显示报警信息，且蜂鸣器报警。接到报警信号后，在司机室和乘务员室均可以实施紧急制动。

（4）防火隔断门。全列车共有8个防火隔断门：在2～8号车厢1位端各设有1个防火隔断门，4号车厢2位端设有1个防火隔断门。在特殊情况下，可手动操作门板侧面拉手将防火隔断门拉出，将相邻两辆车隔断。

（5）侧门紧急开门开关。每个侧门内部上方设有紧急开门开关，在特殊情况下通过操作气阀，将侧门气缸的空气强行排出，然后可手动将侧门打开。

（6）安全渡板。全列车配备2个安全渡板：分别放在3号、5号车厢的备品室。

（7）应急梯。1号、8号车厢的备品室各配备1个应急梯。

（8）安全防护网。全列车共有8个安全防护网：3号车厢备品室配备1大3小，5号车厢备品室配备4小。

（9）各车厢电源插座。各车厢每个座椅靠背后的底部设有插座（220 V），方便旅客乘车时使用。

2. CRH2C型动车组

（1）灭火器。全列车共有33个灭火器：1～4号车厢、6～8号车厢各设有4个（每端各设2个），餐车设有3个，每个司机室各设有1个。

（2）紧急破窗锤。每个逃生窗旁均设有1个紧急破窗锤。在紧急情况下，旅客可使用紧急破窗锤破窗逃生。

（3）火灾报警按钮、紧急停车按钮。每节车厢内前后两端门上方各设有1个火灾报警按钮、1个紧急停车按钮。若按下此按钮，司机室和乘务员室的显示屏将显示报警信息，且蜂鸣器报警。接到报警信号后，在司机室和乘务员室均可以实施紧急制动。

（4）防火隔断门。在2～8号车厢1位端各设有1个防火隔断门，4号车厢工作端设有1个防火隔断门。在特殊情况下，可手动操作门板侧面拉手将防火隔断门拉出，将相邻两辆车隔断。

（5）侧门紧急开门开关。每个侧门内部上方设有紧急开门开关，在特殊情况下通过操作气阀，将侧门气缸的空气强行排出，然后可手动将侧门打开。

（6）安全渡板。全列车配备4个安全渡板：分别放在3号、7号车厢的备品室（3号车厢3个，7号车厢1个）。

（7）应急梯。1号、8号车厢的备品室各配备1个应急梯。

（8）安全防护网。全列车共有8个安全防护网，全都配备在3号车厢（1大7小）。

（9）各车厢电源插座。各车厢座椅靠近过道的底部设有插座（220 V），方便旅客乘车时使用。

3. CRH380A-L 型动车组

（1）灭火器。全列车共有 68 个灭火器：每节车厢设有 4 个（干粉、水雾各 2 个），餐车多设 2 个 5 kg 的水雾灭火器，司机室各设有 1 个 5 kg 的干粉灭火器。

（2）紧急破窗锤。全列车共有 61 个紧急破窗锤，1 号、16 号车厢各设有 2 个，9 号车厢设有 5 个，其他车厢每车各设有 4 个。

（3）火灾报警按钮、紧急停车按钮。每节车厢内前后两端门上方各设有 1 个火灾报警按钮、1 个紧急停车按钮。若按下此按钮，司机室和乘务员室的显示屏将显示报警信息，且蜂鸣器报警。接到报警信号后，在司机室和乘务员室均可以实施紧急制动。

（4）防火隔断门。全列车共有 16 个防火隔断门：2～16 号车厢 1 位端各设有 1 个，8 号车厢 2 位端设有 1 个。

（5）侧门紧急开门开关。每个侧门内部上方设有紧急开门开关，在特殊情况下通过手动操作，可将侧门强行打开。

（6）安全渡板。全列车配备 4 个安全渡板：分别放在 4 号、8 号、10 号、15 号车厢的备品室。

（7）应急梯。1 号、8 号备品室各配备 1 个应急梯。

（8）安全防护网。全列车共有 16 个安全防护网：4 号、8 号、10 号、15 号车厢备品室各配备 4 个，大的在 4 号车厢。

（9）各车厢电源插座。各车厢每一排座椅底部设有一个插座（220 V），方便旅客乘车时使用。

和谐号 CRH380A-L 型动车组列车设备设施示意如图 2-2-10 所示。

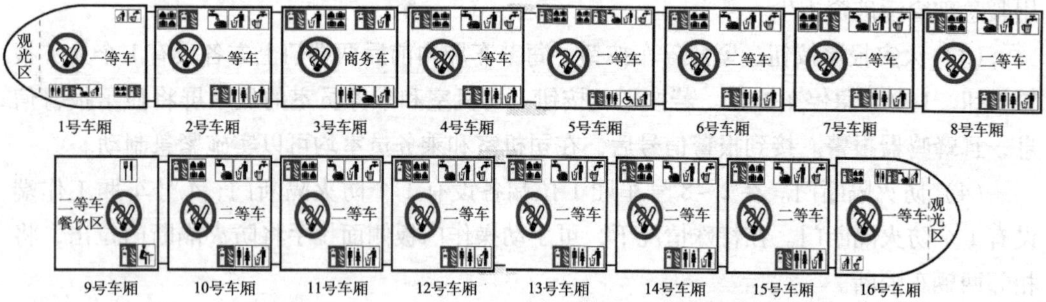

图 2-2-10　和谐号 CRH380A-L 型动车组列车设备设施示意图

4. “复兴号”动车组列车安全设备

（1）灭火器。在 1 号车厢（TC01）和 8 号车厢（TC08）司机室内各放置一个 5 kg 的干粉灭火器；一位端和二位端走廊放置两个 2 kg 的灭火器，包括一个水性灭火器和一个干粉灭火器。其余各车厢在 1 位端和 2 位端走廊各放置两个 2 kg 的灭火器，包括一个水性灭火器和一个干粉灭火器。

（2）车内逃生设备（紧急窗和紧急破窗锤）。全列车共有41个紧急破窗锤：1号、8号车厢各8个（司机室各2个），5号车厢5个，2～4、6～7号车厢各4个。

（3）应急设施的配置与使用。应急设备设施包括安全渡板2个（分别存放于4号、5号车厢备品柜内），防护网13个（存放于5号车厢备品柜内，其中12个普通网、1个宽网），乘降梯2个（分别存放于1号车厢、8号车厢备品柜内）。

（4）防火隔断门。动车组内部门包括外端拉门、内端拉门和小间门。外端拉门设置在车体端墙上，用于连通相邻车厢，分为电动外端拉门和手动外端拉门。电动外端拉门具有隔离功能，在车门关闭位置操作门扇隔离锁，实现对车门的隔离，同时切断门系统的供电。电动外端拉门具有自复位功能，在有火警信号或门系统断电的情况下，打开的车门会自动关闭。

（5）紧急制动操作设施。为应对突发状况，在车辆内部界面设置了紧急制动操作设施，主要分为乘客紧急报警装置、乘务员室紧急制动拉闸、监控室（机械师室）紧急制动拉闸。

“复兴号”动车组消防器材、安全应急设备如图2－2－11所示。

图2－2－11 “复兴号”动车组消防器材、安全应急设备

（6）烟火报警系统。分布贯通整列车，在司机室、乘务员室和厕所内、客室区、厨房区域车顶上设有探测器，在乘务员室设有控制单元和指示单元。

使用时机和方法：烟火报警主机通过电流环与终端装置通信，将每个感烟探头的状态发送给终端装置，起到报警和及时应对的作用。这些信息应在随车机械师室的显示屏上显示。

发生烟火报警时，随车机械师和列车长根据司机通知立即到报警车厢查实确认，查看指定车厢的客室、卫生间，随车机械师重点查看电器设备。若发生客室或设备火情，列车长或随车机械师应立即通知司机实施制动停车，并按规定处理；若确认因吸烟等非火情导致烟火报警时，由随车机械师处理。

烟雾报警器如图2－2－12所示。

图 2－2－12　烟雾报警器

六、高速铁路动车组列车发生火灾、爆炸时的应急处置

1. 判明情况

在发现或接到旅客反映车厢内有冒烟、明火、爆炸或消防设施报警时，列车工作人员应立即赶赴现场、判明情况、疏导旅客、组织扑救，并在第一时间向列车长汇报。

2. 触发报警

在确认火情危及行车和旅客安全时，列车工作人员（列车长、随车机械师、乘警、乘务员）应立即按下紧急制动按钮或拉下紧急制动装置。列车长接到报告后，要立即在第一时间通知司机。

3. 赶赴现场

接到火灾报警后列车长要立即赶赴现场，同时通知随车机械师、乘警赶赴现场，通知乘务员、保洁员、餐服员做好灭火器传递与疏散旅客的准备工作。

4. 判明停车

列车长到达现场后，首先判明情况，根据火势大小决定是否停车，并立即通知司机。

1）不停车处置

通过现场确认，确因旅客吸烟或误按火灾报警按钮等非火灾原因导致报警时，随车机械师应按有关应急处理办法进行处置，并通知司机恢复正常速度运行。司机报告列车调度员（或车站值班员，由车站值班员报告列车调度员，以下同）。列车长按信息上报有关规定进行上报。

2）立即停车处置

通过现场确认，判明火情或爆炸情况危及行车和旅客安全而必须立即紧急停车时，列车长或随车机械师立即通知司机，由司机根据线路及列车运行情况，选择停车地点停车（停车地点应尽量避开长大桥梁、隧道和分相困难地段，便于旅客疏散和邻近救援），司机同时报告列车调度员（车站值班员）。列车调度员（车站值班员）接到报告后，立即扣停邻线及本线的后续列车。随车机械师根据火情或爆炸情况确认接触网需要停电时，通知司机报告列车调度员（车站值班员），列车调度员确认具备停电条件后通知供电调度员停电。

3）前方站停车处置

通过现场确认，列车需要在前方站停车处理救援时，列车长会同随车机械师判明火情或爆炸情况对行车和旅客安全暂不能构成直接威胁时，向司机报告情况后，由司机请示列车调度员（车站值班员）在最近前方站停车处理。列车调度员（车站值班员）接到司机最近前方站停车处理的请求后，应立即组织前方站停车，特殊情况可安排在有站台的其他线路停车（来不及变更时除外），必要时可组织其他停留列车腾空线路。列车调度员还应通知前方站提前做好应急救援准备工作，站内停车救火期间相邻线路禁止停留（运行）其他列车。当列车调度员得到发生火灾的列车已停妥（重联动车组列车需解编时已解编完毕）、其他列车具备停电条件后，直接通知供电调度员对本线及相邻线路停电。

5. 转移旅客

列车工作人员要本着“先救人、后救物”的原则，将发生火灾车厢的旅客有序向两侧车厢疏散转移。如条件允许，尽可能将旅客有序向列车运行方向的车厢疏散转移，防止火借风势蔓延到后续车厢。

6. 迅速扑救

在转移旅客的同时，列车长要迅速组织乘警、随车机械师等列车工作人员确保救火通道畅通，组织乘务员、保洁员、餐服员迅速及时传递灭火器，高效有序扑灭初期火情。

7. 隔离车厢

当火势无法控制时，列车长在确保事故车厢旅客和列车工作人员全部疏散转移完毕后，应立即组织列车工作人员关闭车厢两端通道防火隔断门（风挡门），阻止火势向相邻车厢蔓延。

8. 疏散旅客

当接到调度命令后，动车组列车在区间停车或在最近前方站临时停车处理时，列车长要根据调度命令立即组织列车工作人员疏散旅客至安全地点等待救援。请求调度通知相关车站做好救援准备。在组织旅客疏散过程中，列车工作人员应做好宣传、引导、安抚工作，稳定旅客情绪，维护疏散秩序，安排专人进行上下车安全防护，避免发生混乱，确保人员安全。

（1）当动车组列车在最近前方站靠近站台侧停车时，列车停妥，列车长要立即通知司机打开靠近站台侧车门，引导旅客迅速下车。站、车协调，共同将旅客向远离起火车厢方向撤离。特殊情况下，列车长要通知列车工作人员手动打开车门，组织旅客向远离起火车厢方向疏散。

（2）当动车组列车在车站无站台线路临时停车时，列车长要提前指定安装乘降梯（过渡板）的具体位置，组织列车工作人员准备乘降梯（过渡板）至指定车门口处等候；列车停妥后，列车长与司机确认车门开启侧线路已经封闭、无列车通过后，指挥列车工作人员手动开启指定车门；架设乘降梯（过渡板），安排专人防护。站、车协调，共同将旅客向远离起火车厢方向疏散。

(3) 当动车组列车在区间临时停车时，原则上要组织旅客在列车运行方向左侧（非会车侧）疏散。列车停妥后，列车长与司机确认车门开启侧线路已经封闭、无列车通过后，指挥列车工作人员手动开启指定车门，架设乘降梯（过渡板），安排专人防护，引导旅客向远离起火车厢方向疏散。

9. 断电防溜

动车组列车临时停车时，随车机械师应根据现场情况，决定是否通知司机断电降弓。有停放制动装置的动车组，司机将动车组置于停放制动状态；动车组无停放制动装置或在坡度为20‰及以上的区段时，司机通知随车机械师进行防溜工作，并按规定做好列车防护工作。

10. 请求扑救

列车长、随车机械师、乘警要根据现场火势大小、扑救难易程度、影响范围等综合因素判断，如需要地面扑救力量支援时，应立即通过司机报告列车调度员（车站值班员）。

1）区间扑救

列车调度员接到司机请求地面扑救力量支援的报告后，应立即指示就近车站拨打当地119火警电话；车站值班员（车务应急值守人员）接到列车调度员通知或司机报告后，应立即拨打当地119火警电话，讲明停车地点、起火原因、起火物品、火灾程度等情况。两端车站站长接到通知后要立即组织站区工务、电务、供电、房建等设备单位和公安人员携带照明工具、疏散工具、灭火器具赶赴区间，参与疏散旅客、扑救火灾的工作。工务部门接到信息后，应指派专人携带钥匙（破拆栅栏、门锁的工具）第一时间到达并组织开放通道门或作业门，安排专人值守，到位后及时报告列车调度员（车站值班员）；因疏散旅客、扑救火灾而需要拆除护网时，工务部门应按要求做好拆除、看守工作。

车站要实时对接地方消防部门，指派工务、电务、供电、房建人员做好引导工作，确保地方消防力量快速到达动车组停车位置。

2）人身安全

参与扑救火灾的工作人员必须严格执行《铁路技术管理规程》《铁路行车组织规则》《高速铁路行车组织细则》《电气化铁路有关人员电气安全规则》等有关规定，特别是用水或一般灭火器扑灭距牵引供电设备带电部分不足4 m的燃着物体时，牵引供电设备必须停电；扑灭距牵引供电设备超过4 m的燃着物体时，可不停电，但必须使水流不向牵引供电设备方向喷射。若用沙土灭火时，燃着物体距牵引供电设备带电部分在2 m以上时，可不停电，但须保持灭火机具及沙土等与带电部分的距离在2 m以上。

11. 抢救伤员

到达安全地带后，列车工作人员应统计受伤旅客人数，并对受伤人员开展紧急救护，积极救助伤员。发动和组织旅客开展自助、自救，进行止血、包扎、心肺复苏等应急处理，并做好对重点旅客的服务工作。列车长及时向运行所在局客运调度报告旅客伤害程度及数量，向事故处理单位补交客运记录。客运调度应立即指示就近车站拨打当地120急救电话，车站等有关单位接到调度通知后，应立即组织本单位工作人员赶赴现场，车站第一时间拨打当地120急救电话，说明旅客伤害程度与数量、交通地点、交通条件和相关的地形地貌特征等情况，协助做好伤员救助工作。

12. 清点人数

列车长、乘警要详细清点旅客人数、去向，对重点及特殊旅客情况进行逐人登记，维护秩序，安抚并劝导旅客耐心等待救援。

13. 旅客转运

当事故列车无法继续运行时，列车工作人员要配合车站工作人员组织受困旅客有序乘坐其他旅客列车或运输工具到达目的地。

14. 保护现场

列车工作人员应积极配合公安部门保护事故现场，维护现场秩序，禁止无关人员进入现场，协助调查取证。同时不得擅自移动火场中的任何物品，对火灾痕迹和物证应采取有效措施进行妥善保护。

15. 逐级上报

列车长、随车机械师、乘警、司机及车站要按照应急处置信息汇报的有关制度要求，及时汇报火灾、爆炸事故信息，并随时注意搜集情况，保持信息畅通，做好后续处置工作。

16. 恢复行车

爆炸或火灾应急处置完毕，列车调度员（车站值班员）应组织工务、电务、供电、房建等部门对有关固定行车设备进行检查（着火范围未涉及的固定行车设备除外），并根据设备部门在《行车设备检查登记簿》登记的行车限制条件组织行车。

七、列车发生烟雾报警应急处理

扫描二维码，获取数字资源

（1）列车长接到司机或机械师汇报的烟雾报警后，首先问清位置，确认发生烟雾报警的车厢及具体洗手间，立即与随车乘警赶赴现场，同时电台联系烟雾报警车厢当班乘务员到达现场先行确认情况。

（2）到达现场后若烟雾报警厕所为开启状态，且厕所内无人。首先判明厕所内是否有烟雾气味，并检查地面、垃圾桶、便池内有无遗留烟头。

（3）若未发现烟头，且厕所内并无烟雾气味，可确认为误报。

（4）到达现场后若烟雾报警厕所为锁闭状态，应敲门并警告旅客迅速掐灭烟头离开厕所。旅客开门后首先检查厕所内是否有吸烟痕迹。若确认旅客在厕所内吸烟，应保持厕所门开启，流通空气。

（5）当发生上述情况时，列车长应立即使用电台联系司机，说明现场情况，请司机恢复正常运行；如司机已经向上级汇报，列车长与司机、机械师核对报警时间、区段等详细信息后统一口径向所在局客运调度汇报。

（6）列车长、乘警要对吸烟旅客的车票及购票乘车证件进行登记。

（7）列车长要配合随车乘警做好厕所内烟头等证物以及周边旅客旁证材料的收集工作。

八、电器设备安全操作

（一）餐车电器设备使用要求

（1）电气化厨房设备的安全操作，直接影响到人身安全、设备的可靠性及使用寿命。因此，设备操作人员必须经过操作培训，并经考试合格后才能上岗操作。

（2）运用中随车机械师应对电气化厨房设备进行定时巡视，当发现使用人员未按安全操作规定使用设备时，应及时予以制止和纠正。

（3）餐车电气化厨房设备在使用操作前，应确认电源控制柜技术状态、各设备开关是否在正常位、指示灯显示是否正常后，方准操作使用。

（4）运用中和列车入库停留，在无人操作设备时，应及时将各设备开关放置在关闭或零挡位，切断电源控制柜总电源，锁闭电源柜，做到人走断电，防止发生意外。

（5）电气化厨房设备必须在明显位置粘贴操作说明和安全操作规程。

（6）动车组列车餐车内使用的电器不能超过列车规定的额定功率。餐饮公司不得擅自增大用电设备的功率而产生过载。

（7）餐车配备的冰箱、电烤箱、微波炉、电磁炉等电器及各车厢的电茶炉的插座、插头要安装牢固，保持清洁，周围不得放置杂物。

（8）厨房设备只能采用棉布蘸水（洗涤剂）清洁，不得使用金属工具刷扫。

（9）安全使用电源，正确使用电器设备。电器元件安装牢固，接线及插座无松动，按钮开关、指示灯作用良好；不乱接电源和增加电器设备，不超过允许负载。配电室（箱）、电气控制柜锁闭，无堆放物品。不用水冲刷车内地板、连接处和车内电器设备。

（二）微波炉安全操作

（1）微波炉烹调时不得使用金属器具和带金、银边的器皿，仅可使用陶瓷、耐热玻璃、耐热塑料等器皿。

（2）烹调前应先放入转盘支承及玻璃转盘，再将盛好食物的器皿放在玻璃转盘上进行烹调。

（3）不得直接加热装在密封容器内的液体和其他食物，以免发生爆炸。使用保鲜纸遮盖食物烹调时，需将保鲜纸一角折上，使蒸汽可以逸出。

（4）当食物在塑料、纸或其他可燃材料制成的简易容器中加热或烹调时，应随时注意，防止起火。

（5）当烹调少量食物时，要多观察，防止过热起火。不得用微波炉煎、炸食物。当微波炉内无食物时，不得使微波炉工作，以免损坏设备。

（6）当从微波炉内拿出食物和器皿时，应当使用锅夹或戴上隔热手套，以免高温烫伤。

（7）当烹调过程中发生冒烟或起火现象时，应立即切断电源，不得立即打开炉门，避免遇空气加大火势。

（8）微波炉内禁止加热不符合微波炉烹饪要求的食品。不得加热和存放任何物品。

（9）当微波炉炉门或门封损坏以及设备出现异常时，需及时向车辆乘务员反映情况，不得继续使用。

（10）不得用水直接冲洗微波炉，以免发生危险；不得堵塞微波炉进风口，必须保证通风良好；注意保护微波炉面板，防止重力碰撞；不得将微波炉空转，避免影响产品性能，引起火情。

（11）当使用微波炉时，必须有专人操作并看守，关闭炉门后，再启动微波炉；操作完毕时应先将火力调节旋钮放置于零挡位，再关闭供电电源；每次工作后应清洁炉体，防止任何液体侵入机器内部，造成电气短路，损坏微波炉；使用完毕时应立即拔下电源插座，使微波炉处于断电状态。

（三）电冰箱安全操作

（1）电冰箱必须由经过培训并考试合格的人员进行操作。

（2）必须严格执行交接制度。接班人员需确认各部状态良好后，方可进行正常操作。

（3）应避免频繁启动电冰箱，每两次启动冰箱时间间隔不得少于 5 min，使用中避免长时间开启冰箱门。

（4）冰箱内存放的物品，应在内腔四周留出不少于 3 cm 的空隙。存放物品时应轻拿轻放，轻开轻关。

（5）冰箱不得冷藏过热物品。需存放过热物品时应先在冰箱外自然冷却达到室温后，方准放入冰箱内。

（6）蒸发器若冰层较厚，不得用敲击方法解开冰块，必须停机，待冰块完全融化后，再启动使用。

（7）应定期清除冰箱内污物，保持冰箱排水孔畅通。

（8）发生设备故障时应首先切断电源并及时通知车辆乘务员，不得擅自拆卸冰箱配件或打开控制箱。经确认故障排除后，方准继续使用。

（四）消毒柜安全操作

（1）不得用水冲洗消毒柜。

（2）将餐具洗净后才能放入柜内消毒。放入餐具后，应将柜门关紧，并检查柜门是否关好。

（3）使用中不得触摸门体玻璃表面，以免烫伤。消毒柜工作结束后，不得立即触摸内部或消毒物品，需经 20 min 冷却后方可拿取消毒物品。

（4）在消毒过程中柜内有高浓度臭氧，工作中如突然断电，不得打开柜门，避免对人体造成伤害。

（5）清洁保养时应切断电源。不得使用汽油、酒精及其他有机溶剂和去污粉。紫外线灯管或臭氧发生器严禁进水。

（6）使用中出现异常或发生故障时需及时向随车机械师反映情况。在确认设备状态良好后，方可继续使用。

（五）电磁炉安全操作

（1）不能用水直接冲洗电磁炉，以免发生危险。

（2）不得堵塞电磁炉进风口，须保证通风良好。

（3）电磁炉有锅具自动识别功能，要使用含有导磁性材料的锅具，且与电磁炉匹配，否则将影响热效率甚至不能工作。

（4）注意保护电磁炉面板，防止重力碰撞。不得将空锅放于电磁炉上，避免因误操作而导致空锅干烧，影响产品性能，引起火情。

（5）不得使用电磁炉油炸食品。

（6）不得将铁片及罐头类密封物品放置在电磁炉面板上直接加热，避免因高温受热膨胀发生危险。

（7）指示灯常亮，表示工作正常。若指示灯闪烁：

①表示锅具不能被识别，此时要慢调挡位直到工作；

②电磁炉进入自动保护状态，如电源超电压、过热，须待数分钟后方可使用。

（8）工作时或锅体移开一段时间内，台面仍有余热，请勿用手触摸，小心烫伤。

（9）操作完毕后，应先将火力调节旋钮放置于零挡位，再关闭供电电源。

（10）每次工作后应清洁炉灶，防止任何液体侵入机器内部，造成电气短路，损坏电磁灶。

（六）电茶炉安全操作

电茶炉内分为烧水箱及储水箱两部分。合上电源，红灯亮、绿灯亮，开水炉进入自动控制状态。此时电磁阀打开，烧水箱进水，烧水箱浮子离开下水位时红灯灭，浮子到达上水位时黄灯亮，这时电控箱内逆变器开始工作，开始加热，能听到加热的声音。烧水箱加热到沸腾，有部分开水进入储水箱，当储水箱水满时，开水炉停止加热，进入保温状态。

（1）列车始发供电前，乘务员要将电茶炉储水箱内的残水放净，保证列车供电后烧水箱正常工作，将开水注入储水箱内。

（2）当清晨服务时，因夜间用水量小，储水箱内开水已变凉，各车厢乘务员要及时排放储水箱内的冷水，满足旅客的开水供应。

(3) 各车厢乘务员要随时监控电茶炉水温，当发现水龙头放出的水温度低时，要及时将冷水排放。

(4) 各车队应将始发前、清晨服务排放冷水内容纳入作业指导中。

(5) 各级检查组应加强对电茶炉使用情况的检查，并反馈信息。

任务训练

实训项目	高速铁路客运防火安全及电器安全情境模拟训练
实训目标	1. 结合实际，加深对高速铁路客运防火安全及电器安全要求的认识与理解 2. 加强防火安全及电器安全的意识
实训内容及组织	由教师组织，学生自愿组成小组，每组6～8人，选择以下题目进行高速铁路客运防火安全及电器安全情境模拟训练 1. 识别并使用消防设备、器材及标志 2. 高速铁路车站火灾应急处理训练 3. 动车组列车火灾应急处理训练 4. 动车组列车电器设备安全操作训练
实训考核	1. 每组提交一份实训报告 2. 各组进行汇报 3. 教师根据各组的实训报告与课堂汇报进行评估

任务三

高速铁路客运治安事件处理

知识目标

掌握反恐防暴器材的种类及使用方法，掌握高速铁路列车发生治安事件的应急处理工作要求。

能力目标

能够识别反恐防暴器材，正确组织高速铁路客运治安事件处理工作。

相关知识

一、反恐防暴器材

1. 防爆毯

防爆毯是用高强度防弹纤维材料，经过特殊工艺加工制成的一种毯子形状的防爆器材。可有效阻挡爆炸物产生的冲击波和碎片，避免或减轻爆炸对周围人员、贵重仪器、公共场所等的损坏。

防爆毯是公安、武警、民航、铁路、港口、海关、比赛场馆等机构和场所的防暴安全检查部门必备的装备，主要用于临时隔离爆炸物、临时储存及处置爆炸物品，具有携带方便、操作简单、抗爆性强等特点。

防爆毯如图 2－3－1 所示。

2. 防爆罐

防爆罐是一种用于盛放爆炸装置的器材，可以弱化爆炸装置的爆炸威力以达到保护人员和财物的目的。防爆罐按形状可分为桶形与球形两种，称为防爆桶和防爆球，它们都是密封式结构，由多种抗爆材料制成，在实际使用时可根据情况配装牵引车。

防爆罐多应用于火车站、地铁站、法院、博物馆、体育馆、会展中心、机场、海关、港口、使馆等防爆场所，主要是确保人员的安全，维护场所秩序。一般在安检通道处会配备专用防爆罐，以防不法分子携带爆炸品危害乘客安全。

防爆罐如图 2－3－2 所示。

图 2－3－1　防爆毯

图 2－3－2　防爆罐

3. 防暴叉

防暴叉包括弧形叉、叉杆、齿轮杆三大组件。防暴叉使用效果好，容易控制目标，便于携带，对安保人员还有安全防护功能。通常用右手握防暴叉的握把，左手握防暴叉的中段，双手合力向前叉击对象的胸腹部。

防暴叉如图 2－3－3 所示。

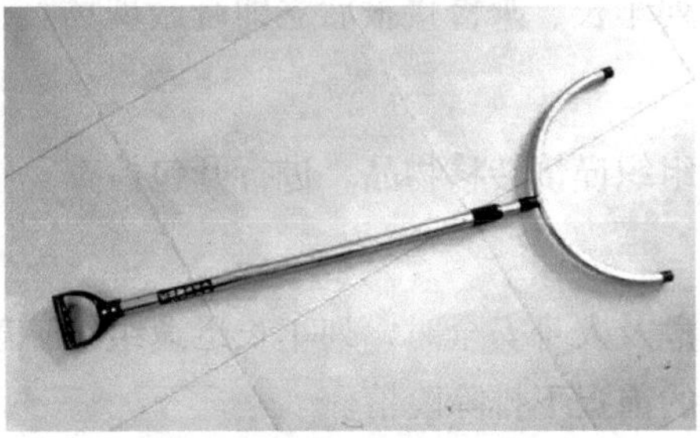

图2-3-3　防暴叉

4. 警棍

警棍分为短警棍和长警棍。短警棍主要用于对近距离的对象实施打击，通常用右手抓握短警棍的握把。长警棍可用于对较远距离的对象实施打击，通常用左手握住长警棍的中段，用右手抓握长警棍的末端，双手合力击打对象。不可用警棍击打对象的颈部及颈部以上部位。

警棍如图2-3-4所示。

5. 防暴盾牌

防暴盾牌是一种类似于盾牌的防御器具，由优质透明聚碳酸酯（PC）材料制成。防暴盾牌用于在镇暴过程中推挤对方和保护自己，可以抵挡硬物、钝器及不明液体的袭击，也可以抵挡低速子弹，但是不能抵挡爆炸碎片和高速子弹。通常将盾牌调节带套于左肘弯处，左手握握把，虎口紧靠握把上端，盾牌朝自己的方向倾斜约15°，防止袭击物撞击盾牌后砸伤自己。防暴盾牌常与短警棍配合使用。

防暴盾牌如图2-3-5所示。

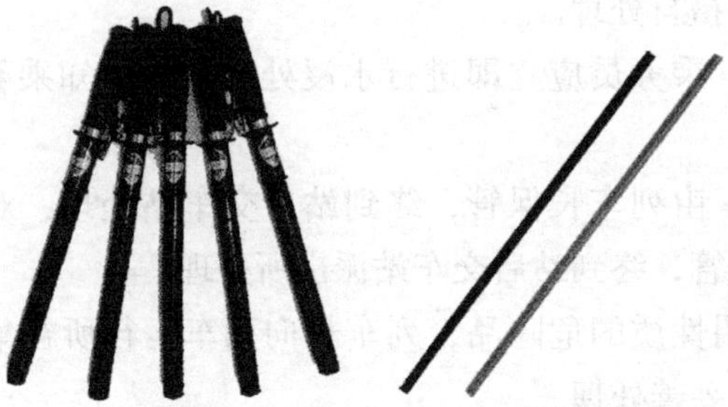

(a) 短警棍　　(b) 长警棍

图2-3-4　警棍

图2-3-5　防暴盾牌

二、发现异常可疑物品或人员的应急处置

1. 发现汇报

列车运行中发现无人认领的行李物品，或认为有可疑迹象的行李物品时，乘务员应

立即报告列车长、乘警，列车长、乘警接报后立即赶赴现场。

2. 现场处置

赶赴现场后，由乘警组织谨慎转移物品，进行开包检查。

3. 确认疏散

确认为易燃易爆物品危及人身安全时，列车长迅速组织疏散旅客，由乘警组织设置安全警戒线，在确认安全的前提下排除险情。

4. 请求支援

如列车无力排除并危及列车及旅客生命安全时，列车长立即通告司机并要求其向列车调度员汇报，同时列车长、乘警分别向有关领导和上级公安机关进行报告，请求派专业人员进行处理，并按照上级领导的指示，采取停车、疏散转移旅客等措施。

5. 妥善监控

列车上发现行迹可疑的旅客时，乘务员应立即报告列车长和乘警，由乘警进行隐蔽的监控，切忌无证据盲目行动。

6. 果断处置

在确认其身份后，需要立即控制的，由乘警采取必要的控制措施，并向列车前方停车站公安派出所报告，到站后由乘警移交公安派出所处理。列车长将情况逐级向上级领导汇报。

三、发现危险品应急处置

1. 在站台发现旅客携带危险品时，乘务员应禁止旅客上车，并立即报告列车长及乘警到现场，由列车长通知车站客运值班员进行处理。

2. 在列车上发现危险品时，乘务员应妥善看管，提醒旅客远离事发地点，并立即通知乘警、列车长进行处理，本人不得擅自处理。

3. 如属发令纸、鞭炮类的危险品，乘务员应立即进行水浸处理后再通知乘警、列车长。

4. 对数量少、危险性小的危险品，由列车长保管，终到站后交车站处理；对公安机关列管的危险、违禁物品，由乘警保管，终到站后交车站派出所处理。

5. 对数量大、危险性大和不能判明性质的危险品，列车长向列车运行所在集团公司客调汇报。列车长要根据客调的指示妥善处理。

6. 处理完毕后，列车长要会同乘警详细登记携带危险品旅客的姓名、身份证号、车票、工作单位或家庭住址，以及危险品名、数量，并向段调度指挥中心汇报。

四、列车发生治安案件的应急处置

1. 列车上发生旅客治安案件时，乘务人员应立即报告列车长及乘警，乘警应立即赶到现场。

2. 到达事发现场后，要控制事态，了解情况，耐心劝解，化解矛盾。

3. 迅速保护现场，开展调查取证，劝离无关人员。

4. 列车长、乘警分别向有关领导和上级公安机关报告。

5. 乘警采取必要的控制措施，并向列车前方停车站所属公安派出所报告，到站后由乘警将涉案人员移交公安派出所处理。

6. 应急处置过程中，列车长、乘务人员要全程开启音视频记录仪，留存证据。

任务训练

实训项目	高速铁路客运治安事件处理情境模拟训练
实训目标	1. 使学生结合实际，加深对治安事件处理要求的认识与理解 2. 培养学生加强治安事件应急处置的意识
实训内容及组织	由教师组织，学生自愿组成小组，每组6～8人，选择以下题目进行高速铁路客运治安事件处理情境模拟训练 1. 识别反恐防暴器材 2. 发现异常可疑物品或人员的应急处理 3. 列车发生治安案件应急处理
实训考核	1. 每组提交一份实训报告 2. 各组进行汇报 3. 教师根据各组的实训报告与课堂汇报进行评估

复习思考题

1. 如何识别违禁品？请举例说明。
2. 管制刀具和仿真枪的认定标准是什么？
3. 识别安检仪图像的主要方法有哪些？
4. 如何进行物品开箱（包）检查？
5. 如何使用消防设备、器材？
6. 如何处理高速铁路车站火灾事故？
7. 如何进行动车组列车火灾应急处理？
8. 如何正确操作动车组列车电器设备？
9. 如何正确处理治安事件？

项目三

高速铁路客运作业安全

项目描述

中国高速铁路具有完善的企业内部安全监督检查机制，定期开展安全管理评估和专业检查，有针对性地加强恶劣天气、防洪防汛、春运、暑运、节假日、黄金周等阶段性、季节性安全监督检查；开展高速铁路安全生产专项整治，严格安全准入标准，重点加强设备检修、应急处置、人身安全、消防安全等安全关键项点的检查控制；严格高速铁路治安管理和外部环境隐患治理，坚持“高速铁路治安隐患零容忍”的原则。本项目主要介绍高速铁路车站客运作业安全和高速铁路动车组列车客运乘务作业安全的相关知识。通过本项目的学习，学生能够掌握高速铁路客运作业安全的基本技能。

任务一

保障高速铁路车站客运作业安全

能力目标

能够按照高速铁路车站客运各岗位职责保证旅客运输安全。

知识目标

掌握高速铁路车站客运安全服务的质量要求，掌握售票作业安全风险控制关键项点及控制措施，掌握高速铁路车站客运岗位作业安全风险控制关键项点及控制措施。

相关知识

高速铁路车站客运作业安全包括售票作业安全、安全检查、电梯安全、站台作业安全等方面。安检岗位是高速铁路客运安全的第一道防线；高速铁路客运站作为电梯使用密集场所，在人员流动高峰期易发生电梯运行安全事故；旅客站台安全是客运安全工作的核心环节，其中防止旅客误乘、越站或违规进出站台导致的铁路线路侵入事件，始终是站台安全管理的重点与难点。

一、高速铁路车站客运安全服务质量要求

高速铁路车站基础设备设施应符合设计规范，定期维护，作用良好，无违规改造和改变用途现象。有售票处、公安制证处、候车室、补票处、高速铁路快运营业场所、天桥或地道、站台、风雨棚、围墙（栅栏）等基础设施，地面硬化平整，房屋、风雨棚、天桥、地道无渗漏，墙面与天花板无开裂、翘起、脱落，扶手、护栏、隔断、门窗牢固完好，楼梯踏步无缺损。有通风、照明、广播、供水、排水、防寒、防暑、空调等设备设施。

高速铁路车站客运安全服务质量要求见表 3－1－1。

表 3-1-1　高速铁路车站客运安全服务质量要求

项目	服务质量要求
安全制度健全有效，安全管理职责明确，能满足安全生产需要	1. 有安全生产责任制、安全检查和安全质量考核、劳动安全、消防管理、食品安全、设备设施、安检查危、实名验证、结合部、现金票据安全、站台作业车辆安全、旅客人身伤害处理等管理制度和办法
	2. 旅客候车、乘降、进出站、高速铁路快运保管和装卸等安全防范措施
	3. 与保洁、商业、物业、广告、安检、高速铁路快运等结合部有安全协议
	4. 有恶劣天气、列车停运、大面积晚点、启动热备车底、突发大客流、设备故障、客票（服）系统故障、火灾爆炸、重大疫情、食物中毒、作业车辆（设备）坠入股道、旅客人身伤害等非正常情况下的应急预案
安全设备设施配备齐全到位，作用良好	1. 按规定配备危险品检查仪、安全门、危险品处置台、手持金属探测器、防爆罐等安全检查设备设施，正常启用，显示器满足查验不同危险品的需求。危险品检查仪、安全门、危险品处置台、防爆罐设在旅客进站流线、高速铁路快运营业场所适当位置，不影响旅客通行
	2. 按规定配备消防设备、器材，定期检测维护，合格有效
	3. 应急照明系统覆盖进出站、候车、售票、站台、天桥、地道等处所，状态良好
	4. 备有喇叭、手持应急照明灯具、应急车次牌、隔离设施等应急物品，定点存放。有应急食品储备或定点食品供应商联系供应机制
	5. 安全标志使用正确，位置恰当，便于辨识。电梯、天桥、地道口、楼梯踏步、站台有引导、安全标志。落地玻璃前有防撞装置和警示图形标志
	6. 电梯、天桥、楼梯悬空侧按规定设置防护装置，高度不低于 1.7 m
执行安全检查规定	1. 配备安检人员，有引导、值机、手检、处置。开启的危险品检查仪数量满足旅客进站需求
	2. 旅客人人通过安全门和手持金属探测器检查，携带品件件过机。安检口外开设的车站小件寄存处对寄存物品进行安全检查
	3. 安检人员持证上岗，佩戴标志
	4. 对检查发现和列车移交的危险物品、违禁品按规定处理
站区实行封闭式管理	旅客进出站乘降有序，站内无闲杂人员。进出站通道流线清晰，有管理措施。站台两端设置防护栅栏并有“禁止通行”或“旅客止步”标志。夜间不办理客运业务时，可关闭站区相应服务处所，但应对外公告。疏散通道、紧急出口、消防车通道等有专人管理，无堵塞
站台的作业车辆	进入站台的作业车辆及移动小机具、小推车不影响旅客乘降，不堵塞通道，不侵入安全线；停放时在指定位置，与列车平行，有制动措施；行驶或移动时，不与本站台的列车同时移动，不侵入安全线，速度不超过 10 km/h。无非作业车辆进入站台
安全使用电源	安全使用电源，无违规使用电源、电器

续表

项目	服务质量要求
安全培训	工作人员人人通过生产作业、消防、电器、电气化、卫生防疫、劳动人身等安全培训，特定岗位工作人员按规定通过相应岗位安全培训。安全培训有计划，有记载，有考核
旅客人身伤害	发生旅客人身伤害、突发疾病或接受列车移交的伤、病人员时，及时联系医疗机构；遇旅客死亡、涉及违法犯罪以及发现弃婴、流浪乞讨人员时，及时报告（通知）公安机关

二、售票作业安全

严禁在车站范围内使用明火。掌握本岗位应急处置内容；发生问题时，本着“应急有备、处置高效”的原则，按照上级指示及规定流程妥善处理突发情况；突发情况逐级汇报，发生应急情况第一时间报告值班员，简要说明事件内容。

1. 带电电器设备、电源插座擦拭

（1）严禁使用抹布带电擦拭电器设备、电源插座。

（2）擦拭电器设备、电源插座时应先切断电源，使用安全装备，确保双手干燥后，再对设备进行擦拭。

2. 开关电器设备

（1）严禁湿手开关电器设备。

（2）确保双手干燥后，再开关电器设备。

3. 电器设备断电

（1）电器设备不使用时必须断电。

（2）按照规定关机流程断电。

（3）断电后，对设备状态进行检查，确保设备已断电。

4. 票据请领、保管、使用、交接

（1）检查票据存量，填写票据请领单并及时请领。

（2）请领后当面核对，清点无误后入柜加锁，妥善保管。

（3）使用前认真核对，确认无误后方可使用。

（4）填写交接单，当面点清，无误后加盖名章。

5. 票据、票款柜人离加锁

（1）人离开窗口前，卸下票据、票款，放入保险柜并加锁，退出系统。

（2）暂停售票，调整界面，人离锁柜，携带钥匙。

车站窗口售票作业示意图如图 3－1－1 所示。

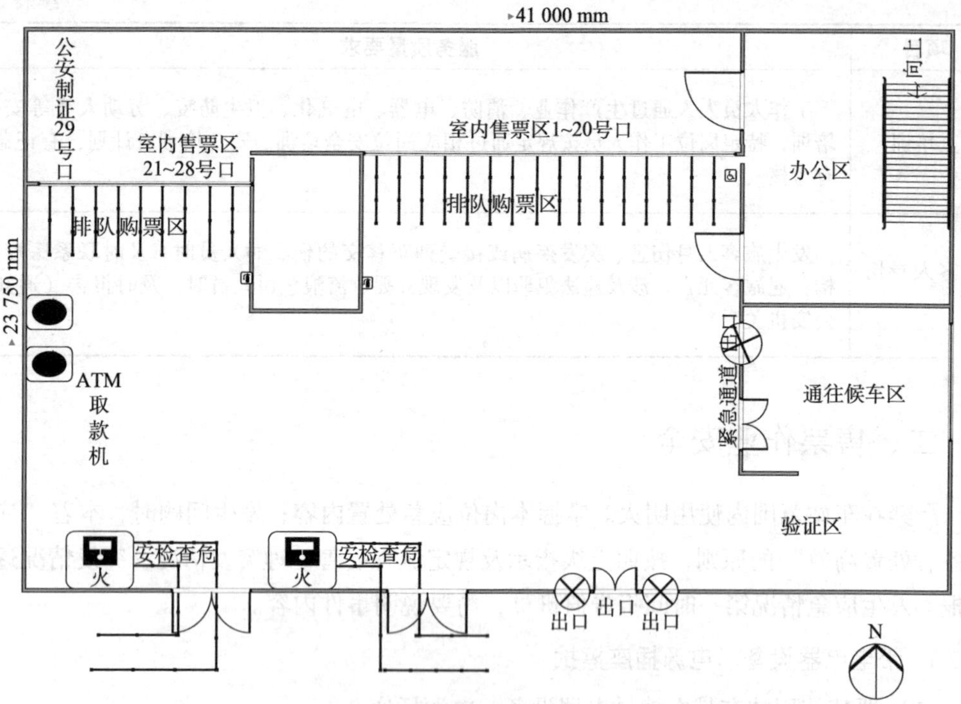

图 3－1－1　车站窗口售票作业示意图

三、电梯岗位作业安全

旅客进站、出站通道上设置电梯、自动扶梯（简称扶梯）。水平换乘距离大于 300 m 的换乘通道设置自动人行道。电梯属于特种设备的一种，是车站与旅客接触最多的设备之一。站内的自动扶梯、直梯等设备的质量应当可靠，否则会因设备状态不良而导致旅客伤亡事故的发生。遇节假日等大客流情况下，电梯使用安全风险加大。高峰时段是车站旅客服务区域大量旅客需要集中乘坐扶梯的关键时段，需要安排扶梯值守岗位。

（一）正确乘用扶梯

扫描二维码，获取数字资源

（1）为旅客服务的扶梯，在运行状态下，要有专人防护（上行扶梯在上扶梯处防护，下行扶梯在下扶梯处防护）。遇老、弱、病、残、孕重点旅客乘梯时，要主动帮扶，引导乘坐直梯进站上车；遇旅客乘梯时摔倒、扶梯突发故障时，要及时关闭扶梯，确保旅客安全。

（2）应面朝运行方向站立，双脚完全站立在踏板上，站稳扶好扶手带（有的旅客容易握死，如果梯级和扶手带运行不同步，容易导致摔伤），扶梯出口处禁止停留。

（3）扶梯停止、故障状态下应做好防护（拉好隔离带），禁止作为步行楼梯使用。发现问题时应第一时间关闭扶梯，及时汇报客运值班员，启动扶梯故障应急预案，快速进行处理。客运值班员接到报告后要及时到达现场进行应急处置，并向车间领导汇报。

同时拉开隔离带防护好，等待维修、救援。

（4）扶梯运行状态下严禁将头部、肢体伸出扶手装置以外。禁止在扶梯上行走、奔跑和蹦跳（在运行的扶梯上走就会感觉扶梯在颤抖，容易导致梯级链拉伸不均而发生危险）。需特别注意的是扛大包袱的旅客把包袱举过头顶，容易后仰摔伤，发现后应及时制止，引导其乘坐直梯。

（5）急停按钮的位置：在扶梯进、出口下端右侧位置的红色按钮为急停按钮，遇紧急情况时按下按钮扶梯即可停止运行。紧急情况下扶手带最下端的黑色胶皮可以用脚踢到，扶梯即可停止运行。

（二）扶梯岗位客运员职责

（1）严格遵守规章制度，按时参加点名会，及时到岗到位，不准迟到、早退，不得擅离岗位。

（2）负责扶梯运行状态的监控，加强对扶梯的巡视检查，发现扶梯运行异常应及时通报值班站长。

（3）正确向乘梯旅客提示安全乘梯事项。

（4）遇老、幼、病、残、孕重点旅客乘梯时，要主动帮扶，引导乘坐直梯，并重点进行安全提示。

（5）当客流较大时，必须进行疏散宣传，入口处必须进行分流，杜绝集中乘坐一部扶梯，每部扶梯要分散站位，避免旅客集中。

（6）遇扶梯临时发生故障时，必须立即通知值班站长，并防护扶梯上的旅客安全疏散，同时由专人看守并设置防护，等待厂家维保人员到达现场维修。

（7）遇有旅客乘梯期间发生绊倒摔伤时，要及时关闭扶梯，并采取措施救护。

（8）遇有旅客携带大件行李及行李箱等易滑落的行李时，引导旅客乘坐直梯，不听劝阻者，做好安全提示并做好监控。

（9）值岗期间，当旅客携带的手提箱、拉杆箱等行李掉落的滑轮、铆钉、螺丝及衣服纽扣等异物卡在扶梯上时，首先应确认扶梯无乘梯旅客，然后关闭扶梯，并通知值班员，及时通知扶梯维保人员清除异物。

（10）作业中使用文明用语，加强安全提示。

扶梯管理员控制屏如图 3－1－2 所示。

（三）扶梯高峰时段关键部位盯控重点

（1）旅客进、出扶梯的疏导，防止通道堵塞。

（2）引导携带大箱包的旅客及高危人群（老人、小孩、孕妇、残障人士）通过直梯乘降。

（3）扶梯异常现象盯控，如异常声音和异味等。

（4）遇旅客摔倒、箱包滚落、扶梯反转逆行等伤害情况时，须立即按动急停按钮，使扶梯停止运行。应急处理完毕并经扶梯维保人员检查确认无误后方可开梯运行。切忌

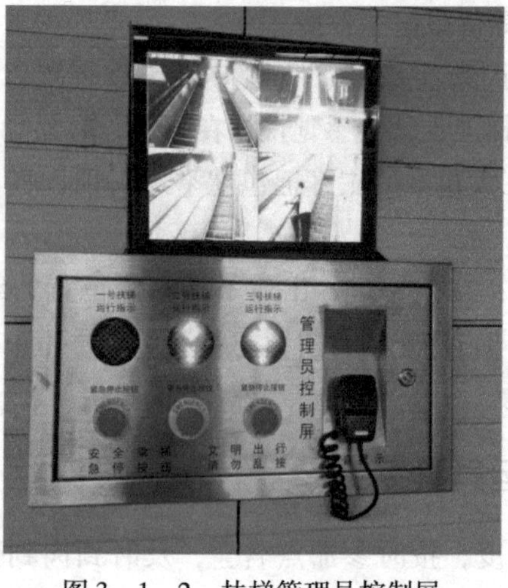

图 3－1－2　扶梯管理员控制屏

在扶梯上仍有旅客时开梯。

（5）如发生客流突然大量增加等特殊情况，盯控人员应及时通知车间，各车间根据客流情况具体安排。

（6）盯控人员在扶梯盯控时，要在记录表上如实填写盯控检查记录。

扶梯岗位安全风险控制关键项点及控制措施见表 3－1－2。

表 3－1－2　扶梯岗位安全风险控制关键项点及控制措施

关键项点	控制措施
扶梯监护	1. 引导老幼病残孕重点旅客乘坐直升电梯 2. 对携带超重超大行李旅客，做好安全乘梯宣传 3. 及时制止旅客逆行行为 4. 客流高峰时段加强宣传疏导，避免旅客在扶梯口积压 5. 发生突发情况时及时关停扶梯 6. 发生扶梯故障时及时向房建维修部门报修
防人员密集	在客流高峰时段，加强扶梯处的宣传疏导力量，避免旅客在扶梯口处堆积
防火安全	1. 会使用消防器材 2. 制止旅客吸烟

车站乘梯须知如图 3－1－3 所示。

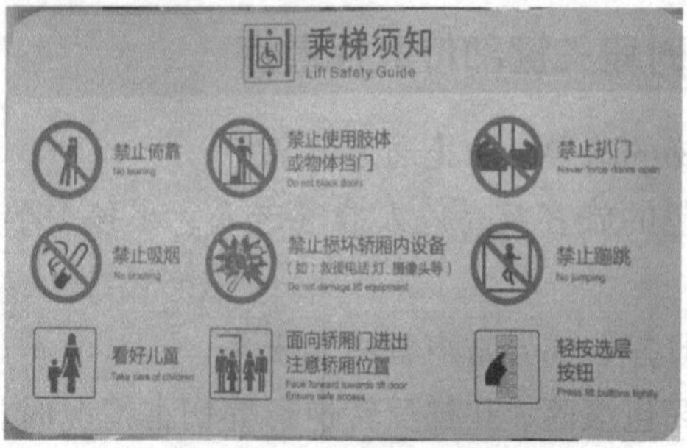

图 3－1－3　车站乘梯须知

四、检票岗位作业安全

扫描二维码，获取数字资源

综控室作业是乘降组织的指挥核心，通过旅客服务系统对车站进站、检票、出站等广播、引导、显示、闸机等实现集成控制。

自动检票系统由集成管理平台获取检票车次、检票时间、候车室、检票口、检票闸机等信息，自动生成检票计划，并下发到相应的检票闸机。闸机检票车次、开始检票和停止检票指令会与综合显示和广播终端发布的信息保持一致。

（1）开始、停止检票时间的设置适应客流量和站场条件，进站口有提前停止检票时间的提示。开始检票或列车到站前，通告车次、停靠站台等检票信息。

（2）自动检票机通道和人工检票通道正常启用，通道数量适应客流情况，并设有商务座旅客快速检票通道。设两侧检票口的，对长编组、重联动车组列车同时检票。按照“先重点、后团体、再一般”的原则，引导旅客分别通过自动检票机、人工检票通道排队等候、检票进站，宣传自动检票机的使用方法，提醒旅客拿好车票或身份证，防止尾随。具备居民身份证自动识读检票条件的自动检票机正常启用。

（3）停止检票前，通告候车室，无漏乘；停止检票时，关闭检票口，通告候车室和站台。

检票作业安全风险控制关键项点及控制措施见表3－1－3。

表3－1－3　检票作业安全风险控制关键项点及控制措施

关键项点	控制措施
检票秩序	1. 开始检票前组织旅客有序排队，避免拥挤踩踏 2. 及时发现重点旅客，与站台联系，提前放入站台 3. 控制检票流速，避免拥堵 4. 停检锁口，车开撤岗
防止误检	1. 开停检时，与综控室、站台做好联系确认 2. 检票过程中，用小区广播进行检票列车宣传
联系确认	1. 将旅客放入站台时必须与站台值班员进行联系互控 2. 停检票后与站台值班员确认有无赶车旅客

检票岗位作业如图3－1－4所示。

五、站台作业安全

（一）站台岗位作业职能

1. 站车交接职能

包括旅客伤害、遗失物品、重点旅客服务、乘降信息、应急处置等需要交接的事项。

2. 安全防护职能

包括电梯口、天桥口、地道口、安全白线、站台端部的防护，站台线路清理等工

图 3－1－4　检票岗位作业

作。旅客按车厢引导工作，出站旅客引导工作，站台面其他作业的监控等。

3. 联控作业职能

与检票口联控开检、停检，与上水、吸污等联控作业完毕，与列车联控关闭车门等。车站确认列车乘降、上水、吸污和高速铁路快运、餐车物品装卸作业完毕后，使用无线对讲设备通知列车长与客运有关的作业已经完毕。其中，在突发情况下，与动车组司机的联控作业是联控作业的核心环节，是防止事故险情的最后一道环节。

4. 重点旅客服务职能

工作人员会提供主动服务、联程服务，实行首帮负责制。同时，车站接受旅客投诉，主动化解旅客矛盾，实行首诉负责制。

（二）站台作业组织基本要求

1. 接送车人数

动车组站台接送车作业：重联列车安排 4 名客运员接送车；单编列车安排 3 名客运员接送车；人数不足时可由保洁员接送车，但最多不超过 1 人。

2. 到岗、撤岗时间

1）到岗时间

客运员、接送车保洁员：始发、经停列车检票前 5 min 到岗，原则上不晚于列车到站前 20 min；终到列车到达前 10 min 到岗。

2）撤岗时间

始发、经停列车撤岗时间：列车尾部驶出站台端部。到达列车撤岗时间：列车停稳、全部旅客出清站台后，客运员、客运值班员方可撤岗。终到入库列车撤岗时间：站台客运值班员确认旅客下车及其他客运作业完毕通知综控室，再由综控室报告车站行车室后，方可撤岗。

3. 作业人员携带品

站台客运值班员、客运员上岗后必须随身携带可录音电台、口哨、喇叭、视频记录仪和小区广播扩音器等用品。

4. 重点值岗地点

站台客运员必须按照《高速铁路车站站台接送车作业组织方案》规定的位置接送车，原则上在进出站扶梯、步行梯、站台端头等位置值守，重联动车组列车的两组列车连接处必须安排 1 人值守。

1）下行单编列车接车位置

停车标位置处为保洁员，动车组 2 号、3 号车厢连接处为客运员，动车尾部处为客运员。

某高铁站下行单编列车接车位置如图 3－1－5 所示。

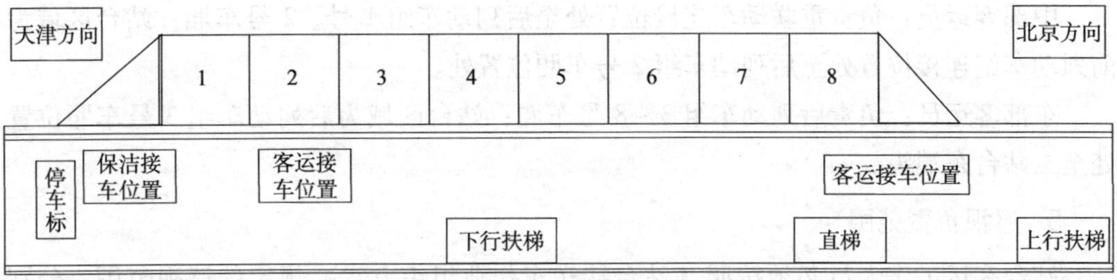

图 3－1－5　某高铁站下行单编列车接车位置

2）上行重联列车

接送车位置：停车标位置处为保洁员，动车组 2 号、3 号车厢连接处为客运员，重联动车组连接处为客运员，重联动车组尾部为客运员。

某高铁站上行重联列车接送车位置如图 3－1－6 所示。

3）责任区域划分

(1) 上行单编列车。

保洁员：负责动车组 1 号、2 号车厢；站台区域为二站台西端头至动车组 2 号车厢位置处。

中部客运员：负责动车组 3～8 号车厢；站台区域为动车组 3 号车厢位置处至动车尾部。

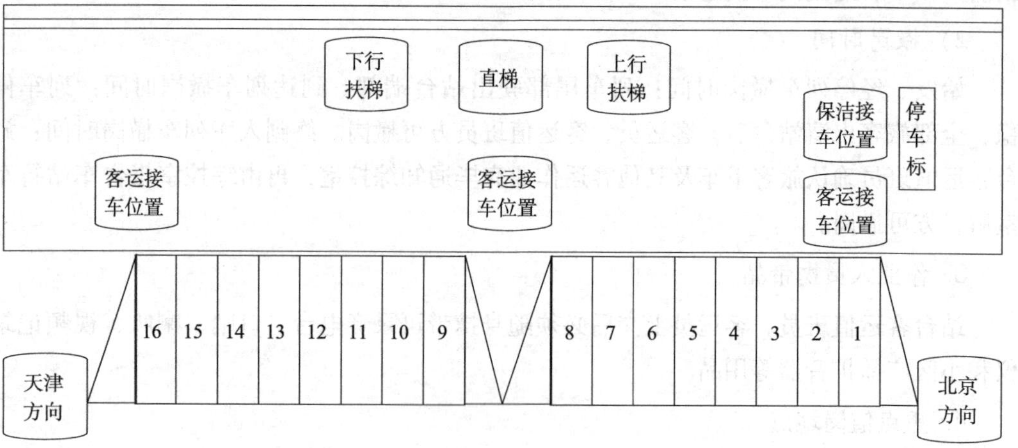

图3-1-6　某高铁站上行重联列车接送车位置

东部客运员：负责站台区域为动车尾部至二站台东端头。

（2）上行重联列车。

保洁员：负责前列动车组1号、2号车厢；站台区域为二站台西端头至前列动车组2号车厢位置处。

西部客运员：负责前列动车组3~8号车厢；站台区域为前列动车组3号车厢位置处至前列动车组连接位置处。

中部客运员：负责重联动车连接位置处至后列动车组1号、2号车厢；站台区域为前列动车组连接位置处至后列动车组2号车厢位置处。

东部客运员：负责后列动车组3~8号车厢；站台区域为后列动车组3号车厢位置处至二站台东端头。

5. 巡视负责范围

站台客运工作人员必须按照《站台接送车作业组织方案》规定的巡视范围，分别检查所辖区域站台、线路内的固定设备设施、旅客乘降情况和列车状态。

6. 检查重点内容

站台客运工作人员在组织旅客乘降作业前，必须重点检查5个方面：①线路内无侵入机车车辆限界的障碍物、人员；②旅客乘降前后，白色安全线外无人员、机具、行包；③站台上电梯、扶梯无异常，运行方向正确，运行状态良好；④站台电子显示屏正确显示本次列车信息，停靠站台的列车车次准确；⑤站台地面平整，房屋、风雨棚、天桥、地道的墙面无明显异物。

7. 防控特殊情况

站台客运工作人员在组织旅客乘降过程中，必须重点防控5种情况：①旅客坠落、跳下站台；②旅客抓乘、扒乘列车；③旅客从站台两端进入线路；④旅客在扶（楼）梯上摔伤；⑤旅客漏乘、误乘等情况。

8. 控制异常人员

站台客运工作人员在站台上必须严格控制5类人员：无票、酗酒、精神异常、持非本次列车车票、未按正常径路行走（如旅客出站时，向出站口相反方向行走）等行为异常的人员。必须严密盯控、及时汇报、请求支援、有效控制，防止其扒乘列车、跳下站台、进入区间等现象发生。

9. 音视频设备要求

站台视频监控系统要做到全覆盖、无盲区，具备自动录像功能，录像资料留存时间不少于15 d；站台客运值班员、客运员要全部配齐可录音电台和视频记录仪，并确保性能良好，可使用；在处理突发事件时，必须打开视频记录仪全程录像，确保发生非正常事件后，能够调取出完整的音视频资料，为后续处置提供第一手真实资料。

10. 站台安全标志设置

站台安全标志明显、完善、准确，位置恰当，便于辨别；电梯、天桥、地道口、楼梯踏步、站台有引导及安全标志；站台两端设有“禁止通行”或“旅客止步”标志；站台两端设置防护栏；站台边缘的“小心站台间隙”及“黄黑间隔警示条”标志规范、明显；站台车厢位置地标准确、明显。

（三）动车组列车站台接车、旅客乘降、发车作业

1. 确定放行方式

检票放行旅客，要以“缩短旅客走行距离、缩短放行时间”为原则，日常可采取单侧检票的方式进行，但在客流量大、列车经停时间缩短等特殊情况下，可采取两边检票、双向放行、提前检票的方式放行旅客。

2. 站台出务

站台客运人员在规定时间出务后，对所负责区域进行巡视检查，仔细检查基本要求规定的重点内容，发现异常情况时及时报告相关部门。

3. 站台接车

客运员、接送车保洁员：经停、终到列车进站前，要对所负责区域的人员进行安全提示，认真盯控站台旅客动向，防止有人跳下站台；时刻提醒旅客站在白色安全线内；及时提示旅客不要在站台上随车奔跑；列车进站时；列车进站方向客运员依次复诵某次列车进站；列车进站停稳后，客运员与列车长进行站车交接，组织先下后上、不要拥挤。

4. 确认车底

1）始发列车

站台客运员出务后，确认车底已停靠站台。如到检票时间前5 min，车底仍未停靠站台，站台响铃客运员必须告知检票员车底未靠台、不具备放行旅客的条件，并及时与综控室（应急值守室）联控，了解车底停靠站台时间。

2）经停列车

遇列车晚点时，站台响铃客运员在开车前 15 min 与综控室人员联控，确认列车运行情况，确认是否具备检票条件。

5. 发布检票命令

始发列车：站台响铃客运员确认列车车底，若具备检票条件，则通知检票员开始检票。

经停列车：遇列车晚点时，站台响铃客运员在开车前 15 min 与综控室人员联控，确认列车运行情况，若具备检票条件，则通知检票员开始检票。

发布检票命令后，站台客运员发现检票口未放行旅客时，要主动与检票员联控，防止旅客漏检。开检前 2 min，未发布检票命令，检票员要与站台客运员互控联系。

6. 组织旅客排队

对动车组经停列车，站台客运员必须组织旅客按站台车厢地标有序排队。排队旅客较多时，组织多列排队，确保队尾不越过站台面白色安全线，且留有 1 m 以上距离，避免下车出站旅客在白色安全线外行走。

7. 加强乘降组织

站台客运员在组织旅客乘降过程中，帮扶重点旅客，协助坐轮椅、行走不便、携带行包较多的旅客乘车；在站台狭窄处、进出站口人员聚集处等重点部位加强疏导，确保关键处所无旅客滞留、无旅客拥挤、无旅客对流等安全隐患现象；遇上客流较大、可能影响列车正点开车时，站台客运员应积极协助列车组织旅客上车；乘降过程中客运员要主动对乘车旅客进行安全提示：注意不要让小孩与大人分离、注意列车车厢与站台的间隙、不要在站台奔跑、不要在白色安全线外行走。随时关注所负责区域的旅客动态，确保安全。

8. 高速铁路快件作业

中铁快运工作人员应于列车到站前将集装件搬运至站台指定位置，列车停稳后按计划装车，装卸车作业过程应避免干扰旅客乘降。始发（折返）站应在旅客开始上车前完成装车。中铁快运工作人员在装卸车完毕后应主动使用电台向车站站台客运员汇报集装件装卸车完毕。

9. 高速铁路配餐作业

列车到达后，配餐人员要在指定位置与列车工作人员办理交接。配餐完毕后，配餐人员应使用电台通知站台客运员，客运员应做好呼唤应答。若列车停检后仍未得到配餐完毕的通知，客运员要主动与配餐人员进行联系，做好互控。

10. 停止检票后

检票员：通知站台客运员已停止检票，无赶车旅客。

站台客运员：组织旅客抓紧时间有序上车，要催促列车乘务员尽快上车，仔细检查白色安全线外无人员、无机具及高速铁路快件、配餐作业的情况。

11. 确认客运作业完毕

站台响铃客运员需确认客运作业完毕。一是与检票员确认检票作业完毕，无赶车旅客；二是与综控室确认上水作业完毕，水管已拔下；三是与站台其他客运员确认其包保区域的旅客乘降、配餐、高速铁路快件作业完毕；四是确认自身管辖区域及站台视线所能及的区域的站台安全情况。

12. 确认条件发车

站台响铃客运员需确认检票、上水、旅客乘降、配餐、高速铁路快件作业完毕，利用可录音电台向列车长汇报客运作业完毕，在列车开车前30 s打响人工开车铃（电铃故障时，由站台响铃客运员吹响口哨代替人工开车铃）。

13. 站台人员送车

列车启动前，由机后至尾部客运员依次复诵“某次列车准备发车”，并认真盯控列车车门及连接处，时刻警惕有人抓车、扒车。

站台工作人员如发现危及人身安全、列车运行安全的突发事件，要及时叫停列车，妥善处置。

14. 清理站台及退场

站台响铃客运员：列车尾部驶出站台端部，吹哨发出撤岗命令。

其他接送车人员：听到撤岗命令后，要按照“两端清理、中间碰头”的要求，及时清理站台闲杂人员后再退场。

15. 站台作业延时

站台客运员：遇有旅客乘降、上水、高速铁路快件、配餐需要延时作业时，用电台及时与综控室（应急值守室）联系，说明情况。

综控室（应急值守室）：向调度所汇报，按调度所指示进行处置。

站台作业安全风险控制关键项点及控制措施见表3－1－4。

表3－1－4 站台作业安全风险控制关键项点及控制措施

关键项点	控制措施
巡视清理	1. 出务巡视确认道心、接触网无异物，站台无闲杂人员 2. 做到一车一清
防止扒车	1. 关注旅客动向，发现异常，及时处理 2. 做好车体巡视，发现异常，及时处理
旅客乘降	1. 宣传引导旅客在安全线内候车，遇同台邻线有列车进、出站时，提示旅客注意安全 2. 注意旅客动态，做好安全防护 3. 防控到达旅客、路内人员横越线路
车门监护	1. 盯控列车车门开闭状态，发现异常及时处理 2. 盯控旅客车门乘降秩序，发现异常及时处理

续表

关键项点	控制措施
扶梯监护	1. 引导老、幼、病、残、孕重点旅客乘坐直升电梯 2. 对携带超重超大行李的旅客，做好安全乘梯宣传 3. 及时制止旅客逆行行为 4. 客流高峰时段加强宣传疏导，避免旅客在扶梯口积压 5. 遇突发情况，及时关停电梯 6. 发生电梯故障时及时向房建维修部门报修
联系确认	1. 旅客放入站台必须与检票员进行联系互控 2. 停检票后与高架和地下检票员确认有无赶车旅客
防火安全	1. 加强对消防器材的检查，确保状态良好 2. 严禁私拉乱接电线，违规使用大功率设备

动车组站台始发列车作业人员电台联系用语见表3－1－5。

表3－1－5　动车组站台始发列车作业人员电台联系用语

联系情况			联系用语	作业人员
始发列车	检票作业		检票前，站台响铃客运员确认车底后，应与检票员进行联系互控。站台响铃客运员：“××次可以检票”，检票员回复：“××次可以检票”	检票员 站台响铃客运员
	列车停检	检票	停检时，检票员：“××次停检，无赶车旅客”，站台响铃客运员回复：“××次停检，无赶车旅客，站台明白”	检票员 站台响铃客运员
		旅客乘降	停检时，站台客运员确认旅客乘降、高速铁路快件、配餐作业完毕，无侵线现象后，应进行联系互控。站台其他部位客运员：“××次，东（西）部客运有关作业完毕”，站台响铃客运员回复：“××次，东（西）部客运有关作业完毕，明白”	站台客运员
		给水	综控室得到现场给水作业完毕的通知后，应立即用电台向站台响铃客运员报告：“××次列车给水作业完毕”，站台响铃客运员回复：“××次列车给水作业完毕，站台明白”	站台响铃客运员 综控室客运员
		高速铁路快件	中铁快运人员装卸车完毕后应主动使用电台向站台响铃客运员报告：“××次集装件装卸车完毕”，站台响铃客运员回复：“××次集装件装卸车完毕，站台明白”	中铁快运人员 站台响铃客运员
		配餐	配餐完毕后，配餐人员应使用电台通知站台响铃客运员，联系用语为：“××次配餐作业完毕”，站台响铃客运员回复：“××次配餐作业完毕，站台明白”	配餐人员 站台响铃客运员
		列车长联系	站台响铃客运员确认检票、旅客乘降、给水、配餐、高速铁路快件作业完毕，无侵线现象后，使用电台通知列车长，用语为：“××次××站客运有关作业完毕”	站台响铃客运员
	列车发车		列车启动前，由机后至尾部客运人员依次复诵：“××次列车准备发车”	站台客运员

动车组站台站停列车作业人员电台联系用语见表 3－1－6。

表 3－1－6　动车组站台站停列车作业人员电台联系用语

联系情况			联系用语	作业人员
站停列车	检票作业		站台响铃客运员在开车前 15 min 确认具备检票条件，通知检票员开始检票。站台响铃客运员：“××次可以检票”，检票员回复：“××次可以检票”	检票员 站台响铃客运员
	列车进站		列车进站时，由列车进站方向客运员依次复诵：“××次进站”	站台客运员
	列车停检	检票	停检时，检票员：“××次停检，无赶车旅客”，站台响铃客运员回复：“××次停检，无赶车旅客，站台明白”	检票员 站台响铃客运员
		旅客乘降	停检时，站台客运员确认旅客乘降、高速铁路快件、配餐作业完毕，无侵线现象后，应进行联系互控。站台其他部位客运员：“××次，东（西）部客运有关作业完毕”，站台响铃客运员回复：“××次，东（西）部客运有关作业完毕，明白”	站台客运员
		给水	综控室得到现场给水作业完毕的通知后，应立即用电台向站台响铃客运员报告：“××次列车给水作业完毕”，站台响铃客运员回复：“××次列车给水作业完毕，站台明白”	站台响铃客运员 综控室客运员
		高速铁路快件	中铁快运人员装卸车完毕后应主动使用电台向站台响铃客运员报告：“××次集装件装卸车完毕”，站台响铃客运员回复：“××次集装件装卸车完毕，站台明白”	中铁快运人员 站台响铃客运员
		配餐	配餐完毕后，配餐人员应使用电台通知站台响铃客运员，联系用语为：“××次配餐作业完毕”，站台响铃客运员回复：“××次配餐作业完毕，站台明白”	配餐人员 站台响铃客运员
		列车长联系	站台响铃客运员确认检票、旅客乘降、给水、配餐、高速铁路快件作业完毕，无侵线现象后，使用电台通知列车长，用语为：“××次××站客运有关作业完毕”	站台响铃客运员
	列车发车		列车启动前，由机后至尾部客运人员依次复诵：“××次列车准备发车”	站台客运员

动车组站台终到列车作业人员电台联系用语见表 3－1－7。

表 3－1－7　动车组站台终到列车作业人员电台联系用语

联系情况		联系用语	作业人员
终到列车	列车进站	列车进站时，由列车进站方向的客运员依次复诵：“××次进站”	站台客运员

六、出站口岗位作业安全

车站出站组织工作包括出站旅客验票、违章乘车旅客处理、出站厅清理等内容，出站组织的核心是组织旅客有序出站。出站检票人员提前到岗，检查自动检票机、出站显示屏状态和内容。

（一）出站岗位作业职责

（1）组织旅客出示车票，有序通过闸机验票出站。对无票旅客、减价不符旅客进行补票作业。客流超过警戒线时，采取打开通道快速疏散的方式，疏解旅客拥堵。

（2）对违章乘车旅客及违章携带品进行正确处理，做到票款收付准确。

（3）铁路旅客信用记录：出口处工作人员遇无票乘车拒不补票的，明确告知旅客处置依据以及补收运价、加收票款、纳入铁路旅客信用信息管理等后果，如实填写客运记录，载明旅客姓名、有效身份证件类型及号码、住址、联系方式、乘车日期、车次、区间、失信行为、处理情况等信息。

（4）换乘客流组织：大型车站根据需要设置站内换乘流线，配备相应的设备和引导标志。

（二）购买电子客票后证件遗失

旅客购票后，丢失购票身份证件的，按以下方式处理。

1. 旅客在乘车前丢失证件的

应到该有效身份证件的发证机构办理临时身份证明，凭临时身份证明进出站乘车。

2. 旅客在列车上、出站前丢失证件的

须先办理补票手续，凭后补车票检票出站。在列车上办理时，列车核验席位使用正常的，开具客运记录；在车站办理时，车站核验车票无出站检票记录的，开具客运记录。旅客应在乘车日期之日起30日以内，凭该有效身份证件发证机构办理的临时身份证明和后补车票（如开具纸质客运记录，还应携带纸质客运记录），到列车的经停站退票窗口办理后补车票与原票乘车区间一致部分的退票手续。办理退票手续时，如核查丢失证件所购原票有出站记录的，后补车票不予退票；无出站记录的，办理退票时，不收退票费。

出站岗位安全风险控制关键项点及控制措施见表3－1－8。

表3－1－8　出站岗位安全风险控制关键项点及控制措施

关键项点	控制措施
防旅客积压	1. 按时上岗 2. 宣传组织旅客有序出站
进站卡控	1. 禁止无票人员进站 2. 禁止携包人员进站 3. 禁止通勤及列车乘务员经出站口进站

续表

关键项点	控制措施
票据票款安全	1. 接班登录系统、更换票卷时认真核对票号 2. 请领票据、发放零款、接受车交款时当场核对，钱款过机点清并入柜加锁 3. 使用验钞机查验每位旅客的钱款，落实唱收唱付，单笔业务结束，票款入柜 4. 每日携款交账时，将票款放入款袋，双人作业，走行指定径路 5. 下班调休，卸下票卷，入柜加锁，退出系统 6. 暂停售票，调整界面，离人锁口，携带钥匙 7. 防盗门随手锁闭

任务训练

实训项目	高速铁路车站客运作业安全情境模拟训练
实训目标	1. 结合实际，加深对高速铁路车站客运作业安全的认识与理解 2. 培养对高速铁路车站客运作业安全的学习兴趣
实训内容及组织	由教师组织，学生自愿组成小组，每组6～8人，选择以下题目进行高速铁路车站客运作业安全情境模拟训练 1. 售票作业安全训练 2. 车站扶梯岗位作业安全训练 3. 车站站台岗位作业安全训练
实训考核	1. 每组提交一份实训报告 2. 各组进行汇报 3. 教师根据各组的实训报告与课堂汇报进行评估

任务二

保障高速铁路动车组列车客运乘务作业安全

能力目标

能够按照高速铁路列车客运安全管理要求保证旅客运输安全。

知识目标

掌握高速铁路动车组旅客运输安全的要求和复兴号动车组安全作业标准。

相关知识

动车组旅客运输安全主要包括防火防爆、车门管理、乘降组织、人身安全、食品卫生、票据现金等安全关键项点。

一、高速铁路列车客运安全管理

铁路运输企业的动车组列车安全服务质量要求包括执行车门管理制度、运行中安全宣传和防范、物品摆放、旅客异常处理、站车交接、乘务人员人身安全要求等内容。具体项目及服务质量要求见表3－2－1。

表3－2－1　安全服务质量要求

项目	服务质量要求
执行车门管理制度	1. 列车到站停稳后，司机或随车机械师开启车门，并监控车门开启状态。开车前，列车长（重联时为运行方向前组列车长）接到车站与客运有关的作业完毕通知后，按规定通知司机或随车机械师关闭车门
	2. 动车组列车停靠低站台时，到站前乘务人员提前锁闭辅助板指示锁并打开翻板，开车后及时将翻板及辅助板指示锁复位
	3. 餐车上货门仅供餐车售货人员补充商品、餐料时使用，无旅客乘降
	4. 列车运行中，车门、气密窗锁闭状态良好。定期巡视，保持通道畅通。发现车门未锁闭或锁闭状态不良时，指派专人看守，并及时通知随车机械师处理
安全宣传与防范	1. 出、入动车所前，由车辆、客运人员对上部服务设施状态进行检查，办理一次性交接；运行途中，发现上部服务设施故障时客运乘务人员立即向列车长报告，并通知随车机械师共同确认、处理
	2. 安全标志设置齐全、规范，符合标准。采用广播、视频、图形标志、服务指南等方式，宣传安全常识和车辆设备设施的使用方法，提示旅客遵守安全乘车规定
	3. 运行中做好安全宣传和防范，车内秩序、环境良好，无闲杂人员随车叫卖、捡拾、讨要。发现可能损坏车辆设施和影响安全、文明的行为时及时制止
	4. 行李架、大件行李存放处的物品应摆放平稳、牢固、整齐。大件行李放在大件行李存放处，不占用座（铺）位，不堵塞通道。锐器、易碎品、杆状物品及重物等放在座（铺）位下面或大件行李存放处。衣帽钩限挂衣帽、服饰等轻质物品。使用小桌板不超过承重范围
	5. 发现可疑携带品及无人认领的物品时，配备乘警（或列车安全员，下同）的列车通知乘警到场处理；未配备乘警的列车由列车长按规定处理，对危险品做好登记、保管及现场处置，并交列车运行前方停车站（公安部门）处理
旅客异常	1. 发现行为、神情异常的旅客时，重点关注，配备乘警的列车通知乘警到场处理；未配备乘警的列车由列车长按规定处理，情形严重时交列车运行前方停车站处理
	2. 发生旅客伤病时，提供协助，通过广播寻求医护人员帮助；情形严重的，报告客运调度

续表

项目	服务质量要求
站车交接	办理站车交接，短编组动车组列车在第 4 号、5 号车厢之间；长编组动车组列车在第 8 号、9 号车厢之间；重联动车组列车在列车运行方向前组第 7 号、8 号车厢之间

二、复兴号动车组安全作业标准

（一）车门安全卡控

车门安全卡控包括车门联控、巡视检查、安全提示三个方面。

1. 车门联控

列车到站停稳后，司机集控开启车门。开车前，列车长（重联时为运行方向前组列车长）接到本列和车站旅客乘降及客运有关作业完毕通知后，按规定通知司机关门开车。

2. 巡视检查

乘务人员重点检查车门设备状态，确认列车运行中车门、气密窗锁闭状态良好。发现车门未锁闭或锁闭状态不良时，指派专人防护看守并及时通知随车机械师处理。

3. 安全提示

通过广播和人工宣传提示车门旁站立旅客不要倚靠车门和触碰车门解锁装置。动车组车门关闭前，利用广播提示旅客："车门即将关闭，请注意安全。"

（二）乘降组织安全

动车组列车站停时间短，发车密度大，易造成旅客误乘误降，主要通过广播、口头提示及站车联控等方式防控。

1. 信息提示

列车始发前 5 min 利用广播对旅客进行提示，提醒送亲友的旅客下车，提醒旅客检查乘坐列车信息，防止旅客误乘。

发生动车组同台作业情况，列车关门前要广播乘车提示，防止旅客误乘。

途中列车开车后、到站前，广播通告前方停车站站名，一站两报，防止旅客越站。商务座乘务员根据旅客下车信息逐一对旅客提示。乘务员站停期间提示车门附近旅客不要远离车门，及时上车。

2. 站车联控

途中站停期间，车站客运值班员通知列车长客运作业完毕后，各车厢乘务员认真观察值乘车厢站台区域旅客乘降情况，接到列车长指令后汇报值乘车厢旅客乘降情况。列车长确认后，通知司机关闭车门。

（三）人身安全服务

人身安全是指旅客在乘坐动车组期间的人身安全和乘务人员作业期间的自身安全。旅客人身安全包括安全宣传和防止旅客意外伤害两部分。乘务人员自身安全包括人身安全教育、固定路线走行、加强两纪管理三个方面。

扫描二维码，
获取数字资源

1. 安全宣传

列车始发开车前、途中每站开车后播放旅客乘车安全常识。各类安全标志设置齐全、规范。服务指南包含旅客乘车安全宣传内容：商务座、一等座定员摆放，二等座每排2本。

2. 防止旅客意外伤害

1）旅客摔伤

及时清理地面水渍，防止旅客滑倒摔伤。到站前广播通报到站信息，同时提示旅客下车时注意站台与列车缝隙。密切关注重点旅客，主动帮扶，提示到位。到站后，乘务员车门立岗期间，关注旅客乘降情况，提示旅客注意乘降安全。

2）旅客砸伤

旅客行李放置平稳，发现行李放置在隔挡上的现象应及时纠正，发现铁器、锐器、玻璃器皿等物品时要提示旅客取下改为地面放置，发现背包侧兜存放水杯时应提示旅客取出水杯。

3）旅客撞伤

大件行李、地面放置行李摆放稳妥，对有万向轮的行李箱采取防溜措施，防止列车运行期间行李箱窜动伤人。列车使用航空车、垃圾车制动性能良好，防撞条完整，途中进入车厢作业时主动避让旅客，停车时必须将制动装置踩下，防止车辆窜动撞伤旅客。

4）旅客烫伤

始发重点检查茶炉防烫伤标志是否完整齐全；始发前、每站开车后播放包含防烫伤提示的安全广播。巡视作业期间重点提示旅客接水不要过满，水杯入槽，拧紧杯盖，帮助重点旅客接开水，防止旅客烫伤。

5）旅客挤伤

始发重点检查卫生间、车厢端门的防撞胶条、防挤手安全标志是否完整。始发、终到前，将车厢两端自动门改为手动开放状态，防止旅客集中上下期间自动门开关夹伤旅客。提示带小孩旅客在儿童使用卫生间时注意卫生间门、马桶盖的使用安全，防止意外发生。

（四）食品卫生安全

食品卫生安全主要通过卡控餐食生产、存储、加热、销售、报废5个环节，确保餐食符合食品卫生安全规定。

1. 生产许可

具备食品经营许可证，所售食品资质齐全有效，能提供第三方检测报告。

2. 食品储存

餐吧车供应的食品应符合食品储存的环境要求，冷链食品应在0～8℃储存。热链食品存储温度不低于70℃。动车组列车禁止销售常温链食品。食品与非食品应分开存放。列车工作人员自带食品统一放置在乘务冰箱内（环保包装袋严禁存放在冰箱内），与售卖餐食隔离存放。

3. 食品加热

餐食使用微波炉加热，温度达标。餐食加热前使用打孔针或一体测温计扎眼，使用微波炉预热时不得离人。打孔针和测温计使用前应消毒，餐食加热每格菜品中心温度应达到75℃，每批每种餐食首盒测温中心温度达到75℃。

4. 餐食销售

餐吧车餐售人员售卖加热、供应餐食时应符合食品卫生操作要求，佩戴口罩、手套。严禁出售“三无”和过期、变质食品。

5. 食品报废处置

动车组列车冷链盒饭应采取时间控制措施。对取得食品经营许可单位加工的冷链盒饭，食用时限应控制在24 h内；对取得食品生产许可单位加工的冷链盒饭，在冷藏条件下，保质期设定不得超过72 h。

复热食品的中心温度达到70℃并保存于70℃热藏的，食用时限为复热后4 h；复热后在常温保存的，食用时限为复热后2 h。超过保质期，不得重复加热。

加强废弃盒饭控制。对超过食用时限等原因而未销售的盒饭应粘贴“报废商品、不得出售”红色标志，并将其放入标有“报废物”的容器箱中，交回配送中心集中报废处理，并填写报废记录。

（五）票据、现金安全

严格按照收入管理有关规定，确保票据领取、使用、缴款环节的安全。

1. 票据领取

班组出乘前，列车长两人同行到段票据值班室领取票据，并签字确认。上车后将票据锁入保险柜内。保险柜乱码使用，不得存放与票据、票款无关的物品，备用钥匙妥善保管。

2. 票据使用

列车运行途中，补票机、票款由列车长专人保管。列车中途停站，严禁携带补票包到站台。异地停留列车，列车长携带票据往返公寓或列车时，必须有乘（辅）警或陪同人员同行，中途不得办理其他事务。到达公寓或列车后，及时将票据锁入保险柜内，由专人看管。

3. 终到缴款

列车终到后，列车长在乘（辅）警及一名乘务员的护送下到交款处缴款，保证回送票据途中两人同行。终到缴款后，列车长应直接到达票据室交存票据及补票机，并上传补票数据。

（六）安全及应急设备设施检查

各种安全及应急设备设施配置齐全、作用良好、定位放置。检查各车厢灭火器压力正常、铅封完好；紧急制动阀手柄或按钮、紧急车门解锁装置、紧急破窗锤、厕所紧急呼叫按钮封套或铅封完好；防火隔断门性能良好，车门、气密窗无破损；反恐装备、车门防护网（带）、应急梯、紧急用渡板、应急灯（手电筒）、扩音器数量准确，性能良好。

在特殊情况下，如遇站台距离车门缝隙大、车门与站台存在高度差、站台地面不平等现象，根据站台实际情况，各车厢乘务员按照列车长安排在车门口立岗，立岗期间密切盯控旅客乘降安全。

途中发现可疑物品的，通知乘警到场处理，没有乘警的列车由列车长会同辅警对危险品做好登记、保管及现场处置，并交前方停车站（公安部门）处理。

（七）乘务员巡视值乘车厢

1. 整理行李架

重点检查行李架金属隔挡两侧行李，要求摆放平稳、牢固、整齐。及时提醒旅客将行李架上的铁器、锐器、易碎物品、侧包水瓶水杯取下，防止砸伤旅客。

2. 整理大件行李

大件行李处行李码放牢固稳妥，大不压小、方不压圆、重不压轻，地面放置的万向轮行李箱要采取防溜措施。遇超大行李过多时，可以引导旅客将大件行李放置在车厢最后一排座椅后，特殊情况下可安排放置在前方站非开启侧车门处，根据沿途站车门开启方向及时调整，确保旅客乘降安全。

三、动车组列车员（安全员）安全作业

1. 出乘前准备作业

（1）请示任务。提前 1.5 h 到乘警支队调度指挥中心签到，接受任务。

质量标准：记录各项工作要求，抄记通缉、通报。领取警务用品，检查状态，确保正常使用。

（2）派班点名。始发前 1 h 到达学习室，在列车长组织下整齐列队，参加出乘点名。

质量标准：正规着辅警制服、警械，携带乘务包及必备资料。

（3）明确分工。安全员负责监管 5 号、6 号车厢（13 号、14 号车厢），负责随车和折返保洁作业。

2. 始发站接车检查

（1）会同列车长、随车机械师对列车设备设施情况进行全面检查，对车厢重点部位、阴暗角落进行巡视清理。

质量标准：发现安全隐患，做好记录，向列车长报告。

（2）始发站站台巡视。根据列车长通知，在规定车门内立岗。

质量标准：按照公安部门要求，安全员着辅警制服时立岗和车内作业必须佩戴制帽、警械。

（3）车站检票后，在站台先向列车尾部巡视，由尾部反向巡视至本组车体首辆车厢，开车前 3 min 返回分管车门立岗。

质量标准：发现扰乱秩序行为、危险品及可疑人员时应及时处置，报告列车长。

3. 途中巡视车厢

（1）每小时全列巡视一次，检查车辆设备设施、电线线路、外接电源、电器设备、车门、电茶炉、紧急制动阀、高速铁路快件存放区域等重点设备及部位。

质量标准：发现设备和高速铁路快件问题报告列车长。

（2）对旅客进行安全提示，发现吸烟问题及时报告列车长处理。掌握运行安全及治安动态。

质量标准：对车门附近旅客提示“不要倚靠”；对打开水旅客提示“小心烫伤”；对重点旅客提示“注意列车晃动”等安全常识。

（3）管理动车组司机室车门。

质量标准：安全员负责对运行方向司机室一侧车厢的重点巡视。动车组列车运行中（包括中途站停）原则上不准人员进入司机室，确因工作需要临时进入司机室的，由安全员负责按规定对登乘人员验证并对登乘人数把关后，征得司机同意，由随车机械师开门。

4. 治安管理

遇求助报警或发现涉嫌违法犯罪人员、危险品、扰乱列车秩序的行为要及时制止，保护犯罪现场，固定证据，同时用对讲机向列车长报告。

质量标准：紧急情况下，立即向前方停车站派出所报告，请求接车。

5. 终到前 30 min 全列治安巡视

质量标准：车内秩序良好。

6. 继乘作业

（1）继乘交班前，提前 10 min 将警用器材准备齐全，定位放置。

质量标准：到站前定置在 6 号车厢（重联为 14 号车厢）。

（2）接班时，将警用器材携带齐全，由列车长组织提前在继乘站站台相应位置列队接车。

质量标准：列车到站前 40 min 在待乘室起床，提前 30 min 到达派班室点名，列车进站前 10 min，到站台 6 号车厢（重联车组在 14 号车厢）相应位置列队接车。

7. 折返作业

（1）折返站站停时间短时，实施站台治安巡视。

（2）入住公寓。在折返站下车入住公寓时，负责护送票款入公寓保险柜并加锁。

质量标准：按标准列队，按指定路线出入公寓。

8. 退乘作业

（1）终到交款。按收入科指定路线到车站交款。

质量标准：护送列车长、列车员（收入）实施交款作业，走规定路线，确保票款安全。

（2）终到汇报。交款和点名完毕后，到乘警支队调度指挥中心汇报工作，返还警用装备。

质量标准：汇报认真，警用装备状态良好，签字交接。

任务训练

实训项目	高速铁路动车组列车客运乘务作业安全情境模拟训练
实训目标	1. 结合实际，加深对高速铁路动车组列车客运乘务作业安全的认识与理解 2. 培养对高速铁路动车组列车客运乘务作业安全的学习兴趣
实训内容及组织	由教师组织，学生自愿组成小组，每组 6~8 人，选择以下题目进行高速铁路动车组列车客运乘务作业安全情境模拟训练 1. 车门安全卡控训练 2. 乘降组织安全训练 3. 人身安全服务训练 4. 乘务员巡视值乘车厢训练
实训考核	1. 每组提交一份实训报告 2. 各组进行汇报 3. 教师根据各组的实训报告与课堂汇报进行评估

复习思考题

1. 高速铁路车站售票作业安全包括哪些方面？
2. 高速铁路车站电梯安全包括哪些方面？
3. 高速铁路车站站台作业安全包括哪些方面？
4. 高速铁路车站检票作业安全包括哪些方面？
5. 动车组旅客运输车门安全管理包括哪些方面？
6. 动车组旅客运输乘降组织安全包括哪些方面？
7. 动车组旅客运输人身安全包括哪些方面？
8. 动车组旅客运输食品卫生安全包括哪些方面？
9. 票据和现金安全关键项点包括哪些方面？

项目四

高速铁路客运应急处置

项目描述

高速铁路客运应急处理坚持“以人为本、安全第一、预防为主，统一指挥、专业管理、分级负责，快速反应、分工协作、科学处置”的原则，不断提高高速铁路突发事件的应急处置能力，确保高速铁路运行安全有序，最大限度地减少突发事件造成的人员伤亡和财产损失。本项目主要介绍高速铁路车站客运作业应急处置、高速铁路动车组列车客运乘务作业应急处置（包括非正常情况应急处置）的相关知识。通过本项目的学习，学生能够掌握高速铁路旅客运输应急处置的基本技能。

任务一

高速铁路车站客运作业应急处置

能力目标

能做好高速铁路车站遇恶劣天气、列车停运、大面积晚点、启动热备车底、突发大客流、设备故障等突发情况时的应急处置工作。

知识目标

掌握高速铁路车站客运作业应急处置服务的基本要求。

相关知识

车站遇恶劣天气、列车停运、大面积晚点、启动热备车底、突发大客流、设备故障、客票（服）系统故障、火灾爆炸、重大疫情、食物中毒、作业车辆（设备）坠入股道、旅客人身伤害等非正常情况时，及时启动应急预案，掌握售票、候车、旅客滞留、高速铁路快运等情况，维持站内秩序，准确通报信息，做好咨询、解释、安抚等善后工作。

一、高速铁路车站应急处置服务质量要求

作为人员密集和聚散的大型公共场所，高速铁路车站容易因客运组织不当引起旅客拥挤、踩踏事件，导致旅客伤亡，或由于个别旅客存在侥幸心理，在禁烟区域吸烟而引起火灾，造成旅客伤亡事件。同时，高速铁路车站的食品卫生安全问题同样不容忽视，要确保站内饮用水和出售食物的安全卫生。

高速铁路车站应急处置项目及服务质量要求见表 4－1－1。

表 4－1－1　高速铁路车站应急处置项目及服务质量要求

项目	服务质量要求
遇列车晚点	列车晚点 15 min 以上时，根据调度通报公告列车晚点信息，说明晚点原因、预计晚点时间。广播每次间隔不超过 30 min，电子显示屏实时显示。按规定办理退票、改签或逢餐点提供免费食品，协调市政交通衔接

续表

项目	服务质量要求
遇列车在车站空调失效	遇列车在车站空调失效时，站车共同组织工作；必要时，组织旅客下车，换乘其他列车或疏散到车站安全处所。到站按规定退还票价差额
遇车底变更	遇车底变更时，车站按车底变更计划调整席位，组织旅客换乘，并按规定办理改签、退票
遇列车故障，途中需更换车底	遇列车故障，途中需更换车底时，在车站换乘的，由客运调度通知换乘站，由换乘站组织集装件换车。在区间换乘的，集装件不换至救援车，由故障车所在地铁路局根据救援方案一并安排随车运送至动车所所在地高速铁路车站，动车所所在地高速铁路车站编制客运记录并安排最近车次运送至到站

二、高速铁路车站客运非正常情况应急处置

遇到突发事件时，人们良好的安全素质和心理状态对于事故的控制具有重要作用，车站要建立事故应急预案，建立良好的调度和应急联动机制，定期组织工作人员和消防人员进行事故应急处置演练，增强对事故发生的疏导管理能力。

（一）列车停运、晚点及大客流应急处置

（1）根据铁路局集团公司拟定的广播词，在站前广场、进出站口、候车室、售票厅等处所利用广播、显示屏滚动播报，显示有关列车调整、车票退改签信息。张贴相关公告，引导持停运、晚点列车车票的旅客退票或改签其他车次车票。指导传媒公司做好信息公告内容的制作与发布。

（2）及时调整窗口功能，减少售票窗口，增开退票、改签专口。视停运、晚点列车数量，设立停运、晚点列车售票业务处置专区或专口。

（3）对持有停运列车车票的旅客，原则上仅办理退票，不做车票改签处理。对持停运列车车票、可改乘其他列车满足旅行需要的旅客，可为其发售可乘列车车票，告知“停运列车车票××日内在全国各车站均可办理退票”，组织旅客尽快候车乘车。

（4）根据铁路局集团公司指示或命令，引导网络购票旅客在自助售票机上进行退票。

（5）根据客流情况，合理安排并动态调整候车布局，防止旅客过度集中。同时要利用广播、电子显示屏等形式加强宣传，指派专人引导，确保乘降组织安全。

（6）加强广播宣传，及时更新列车晚点等信息。旅服系统为站控模式的车站由车站综控（广播）室根据列车预报，及时更新晚点列车信息并公告。

（7）组织验证验票口分时放行旅客进站，对晚点超过4 h的列车，要限制旅客进站。

（8）组织好晚点列车的餐料供应、上水、吸污及发电车加油工作。

（9）根据晚点的程度，及时联系武警部队请求警力支援。

（10）对应急组织实行网格化管理，各司其职，各负其责，有序组织。启动应急预

案后，在应急指挥、运输组织、人员安排、设备管理、后勤保障等各方面确保落实到位。车站应急指挥部门要加强与铁路局集团公司应急指挥中心联系，掌握第一手信息并及时发布。车站干部要包保到位，掌握现场情况，重要信息及时反馈。设备部门要特别关注电梯、空调、旅客饮水、厕所等基本服务设施状况，发现问题及时维修，不能及时修复时做好解释工作。

（11）对于23:00以后到达的晚点列车，主动联系地方站区管理部门协调地方公交、地铁及出租车公司组织接驳旅客，确保旅客及时疏散。同时，利用广播或人工引导等形式通告并引导旅客到接驳的地点，尽快离开车站。

（12）发生旅客滞留在车上时，积极配合车站民警，以共同说服劝解、诚恳道歉为主，耐心细致地做好解释和相关铁路法律法规的宣传工作，努力争取得到旅客的理解和配合，安全快速地疏散旅客。

旅客列车大面积晚点应急处置流程如图4－1－1所示。

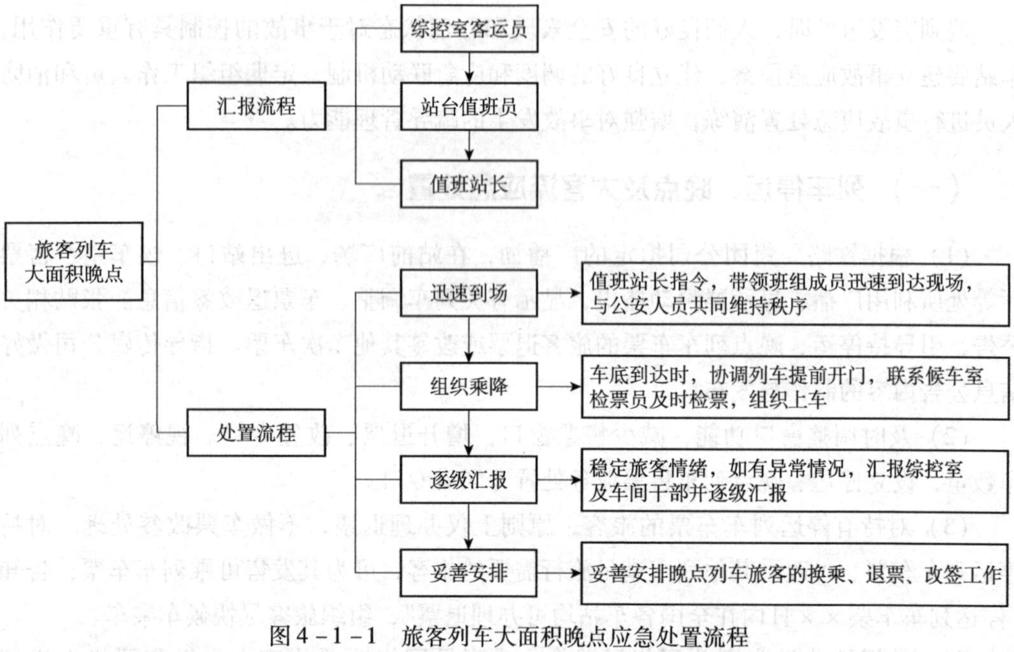

图4－1－1　旅客列车大面积晚点应急处置流程

（二）列车在客运办理站滞留期间临时开门应急处置

（1）动车组在客运办理站长时间滞留时，遇旅客提出取消行程、应急送餐或移交患病旅客等紧急情况需临时开启车门时，列车长应及时与司机、随车机械师沟通，视情况作出打开车门的决定并明确开门位置，通知司机报告列车调度员，同时通知车站客运值班员开门位置。动车组重联时，由前组列车长负责相关联控事宜。

（2）车站接到列车长开门位置通知后，应安排客运人员提前到达站台指定开门位置，滞留站站台为低站台时，车站应准备乘降设施并做好旅客下车后的后续处置工作。

（3）列车长应确认下车人数，开具客运记录，做好站车交接。

(4) 列车长组织客运乘务人员在随车机械师的配合下打开指定位置车门，并将开启的车门进行隔离操作。客运乘务人员应会同乘警（无乘警的列车为安全员）做好开门处的秩序维护及盯控工作，防止其他旅客下车。

(5) 旅客乘降完毕或餐食配送完成后，客运乘务人员应及时关闭车门，并由列车长通报随车机械师、动车组司机和车站客运值班员，动车组司机同时转报列车调度员（非集控站报车站值班员）。

（三）动车组列车更换车底应急处置

(1) 接到倒换车底命令后，客运段、列服公司、保洁公司要做好备品、餐品搬倒工作，依据车型变化安排好值乘人员。

(2) 车站要利用旅客候车时间做好候车区域内旅客的宣传工作，按照客票管理所下发的“席位换乘通知单”，组织向旅客发放倒换座位引导号，确保检票前让旅客清楚自己的新座位。

(3) 发生定员不符倒换车底时，车站检票员要认真核对车票，禁止通勤职工及非本车次旅客进站上车。

(4) 客运乘务人员要全员掌握“席位换乘通知单”内容，客运乘务单位负责将“席位换乘通知单”复印给全体列车员、餐服员、随车保洁员，全体客运乘务人员按照“席位换乘通知单”引导旅客倒换座位。

(5) 倒换车底后，出现高等级席别调整到低等级席别时，列车长要耐心做好安抚解释工作，并为旅客开具退还票价差额的客运记录，旅客到站后凭客运记录和原票在售票窗口办理退款手续。遇低等级席别调整为高等级席别时，不补收票价差额。

席位换乘通知单如图 4－1－2 所示。

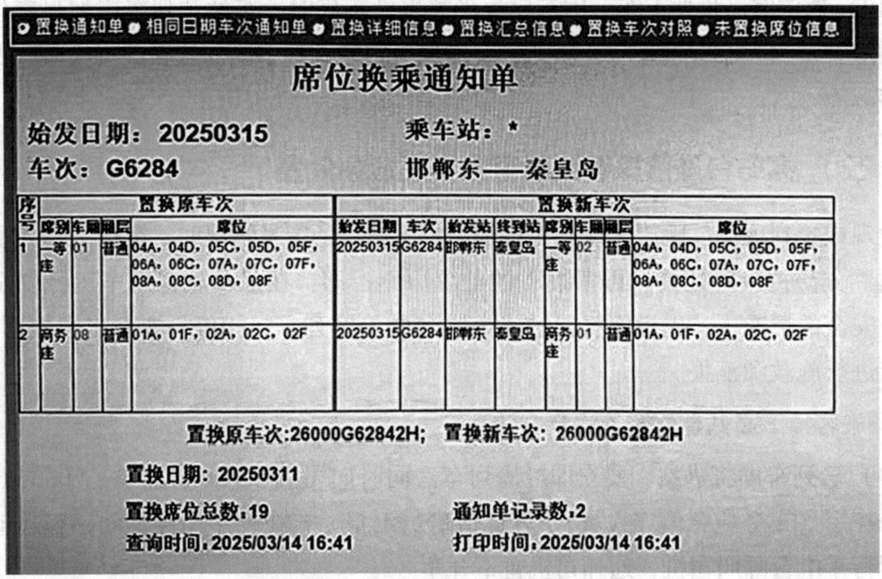

置换通知单　相同日期车次通知单　置换详细信息　置换汇总信息　置换车次对照　未置换席位信息

席位换乘通知单

始发日期：20250315　　乘车站：*

车次：G6284　　邯郸东——秦皇岛

序号	置换原车次				置换新车次							
	席别	车厢	厢层	席位	始发日期	车次	始发站	终到站	席别	车厢	厢层	席位
1	一等座	01	普通	04A，04D，05C，05D，05F，06A，06C，07A，07C，07F，08A，08C，08D，08F	20250315	G6284	邯郸东	秦皇岛	一等座	02	普通	04A，04D，05C，05D，05F，06A，06C，07A，07C，07F，08A，08C，08D，08F
2	商务座	08	普通	01A，01F，02A，02C，02F	20250315	G6284	邯郸东	秦皇岛	商务座	01	普通	01A，01F，02A，02C，02F

置换原车次:26000G62842H；置换新车次：26000G62842H

置换日期：20250311

置换席位总数：19　　通知单记录数：2

查询时间：2025/03/14 16:41　　打印时间：2025/03/14 16:41

图 4－1－2　席位换乘通知单

（四）车底临时更换旅客席位调整应急处置

（1）集团公司客运部客票管理所在接到动车组列车临时更换车底调度命令后，及时进行席位置换，在系统中生成“席位换乘通知单”。同时将换号席位信息推送至车站实名验证窗口和手持站车交互设备。

（2）设置有席位调整凭条打印设备的车站，启用打印“席位换号凭条”功能。提前通过广播等方式组织引导旅客打印“席位换号凭条”。旅客凭换号凭条到正确的座位上乘坐，保障旅客及时正确乘车。

（3）旅客在车站进站口进行实名验证进站时，自动判断所乘列车席位是否变更，如有变更，将为旅客打印换号凭条。

（4）组织旅客在“站车无线交互设备”上直接扫描身份证件，自动判断所乘列车席位是否变更，如有变更，将为旅客打印换号凭条。

（5）车站放行前应提前与列车长取得联系，沟通倒换车底的情况，组织、部署现场人员按必要岗位进行分工，做好车底票号倒换、旅客乘降组织等准备工作。

（6）车站在组织检票放客时，原则上应先行组织需调整的高等级席位旅客检票进站，保证高等级席位旅客优先上车。

（7）因临时更换车底定员人数少于原车底，导致部分旅客无席位时，车站应提前向相关旅客说明情况。有条件的，应引导旅客办理改签、退票手续；对坚持旅行的旅客，应做好站车交接工作，如列车餐车有席位的，列车长应优先将无席位的旅客安排在餐车。

（8）列车长应将席位调整方案通知相关车厢列车员，列车员要掌握席位调整方案，做好解释、安抚和服务工作。

（9）遇有低等级席位调整至高等级席位时，不补收票价差额。

（10）遇旅客已检票上车后因车底故障需更换车底时，车站和列车应加强席位调整工作的配合。组织旅客换乘时，原则上应优先组织需调整车厢的旅客进行换乘，保证换乘秩序。

（五）高站台坠落旅客或旅客携带品应急处置

发现或接到现场反映旅客或旅客携带品掉下站台的突发情况时，客运工作人员要严格遵循“先防护、后处置、再汇报”的处置原则，即：在危及旅客列车运行安全或旅客人身安全的情况下，先拦停将要进入该站台的旅客列车，扣停将要开出的旅客列车，再组织进行施救和汇报。

1. 旅客掉下高站台处置流程及方法

（1）若列车即将进站，要立即拦停列车。同时向司机、列车调度员、车站值班员、车站综控室（车务应急值守人员）、客运值班员汇报。若在列车站停期间，客运值班员立即用行车电台呼叫司机，通知司机暂不开车。

（2）客运工作人员要立即赶赴现场，了解情况，安抚旅客，如旅客伤势不重，指引旅客到两条线路中间的安全地带等待救援。

(3) 列车调度员（车站值班员）通知即将进站的列车（含通过列车）停车；通知站停列车暂不开车。列车调度员确认列车停妥后，通知现场处置人员可以上线处理事故。

(4) 现场处置人员根据列车调度员准许上线的口头指示，将掉下站台的旅客施救到站台上，根据伤势情况及时拨打120。处置结束，确认不影响行车安全后，向列车调度员（车站值班员）报告可以恢复正常运行。得到现场处置结束的汇报后，组织已扣停的相关列车恢复行车。

(5) 了解伤害过程，收集有关证据，详细记载事件情况，将旅客伤害程度及处置情况逐级汇报。

2. 旅客携带品掉下高站台处置流程及方法

(1) 当判断掉下站台的携带品不影响行车安全时，要向旅客做好安抚、解释工作，采取措施阻止旅客自行跳下站台捡拾，告知旅客站台工作人员会妥善处置，并向车站综控室（车务应急值守人员）、列车调度员（车站值班员）、客运值班员汇报。

(2) 当判断掉下站台的携带品可能影响行车安全时，要立即拦停列车，并向司机、列车调度员（车站值班员）、车站综控室（车务应急值守人员）、客运值班员汇报。若在列车站停期间，客运值班员立即用行车电台呼叫司机，通知司机暂不开车。

(3) 列车调度员（车站值班员）通知即将进站的列车（含通过列车）停车；通知站停列车暂不开车。列车调度员确认列车停妥后，通知现场处置人员可以上线处理事故。

(4) 现场处置人员根据列车调度员准许上线的口头指示，将掉下站台的旅客携带品移到站台上。处置结束，确认不影响行车安全后，向列车调度员（车站值班员）报告可以恢复正常运行。

（六）客运车站线路进入闲杂人员应急处置

发现或接到现场反映客运车站线路进入闲杂人员的突发情况时，车站工作人员原则上要严格遵循“先劝阻汇报、后防护处置”的处置原则，即先劝阻闲杂人员并向有关部门（人员）及时汇报情况，在得到行车指挥部门允许上线的命令并做好防护的条件下，再组织相关人员进行处置。

(1) 发现或接到现场反映闲杂人员进入线路时，现场处置人员应通过电台及时向综控室人员（车务应急值守人员）、客运值班员汇报。

(2) 综控室人员或车务应急值守人员接到闲杂人员进入线路的汇报后，应及时向列车调度员报告。

(3) 客运值班员接到汇报后应向车站值班干部汇报。

(4) 车务应急值守人员接到列车调度员通知闲杂人员进入线路的情况后，要及时通知现场附近客运人员、车站值班干部。

（5）车站值班员或车站值班干部还要及时通知驻站公安。

（6）车站客运人员、车站值班干部、驻站公安接到通知后应立即赶赴现场最近的安全区域进行处置。

（7）车站有关人员应及时将视频监控调整到最佳监控角度，对突发情况进行指挥、录像。现场处置人员应携带音视频记录仪，并保持开启状态，对处置过程进行全程录音、录像。

（8）现场处置人员应安抚、劝阻、引导闲杂人员不要在线路上逗留、奔跑，禁止追赶闲杂人员。

（9）现场处置人员与车务应急值守（车站综控室）人员联系确认事发区域线路列车运行情况，掌握情况后引导、劝阻闲杂人员到安全区域躲避。

（10）现场处置人员在得到车务应急值守（车站综控室）人员准许上线的命令后，在做好现场防护的情况下，方可进入线路将闲杂人员带离至安全地点。

（11）如遇列车危及闲杂人员生命安全时，按照《铁路技术管理规程》要求拦停或扣停列车。

（12）现场处置结束后，确认不影响行车安全后，车站要向局集团公司调度部门报告可以恢复运行。

（13）车站要将带离线路的闲杂人员及时交由公安部门按规定处理，将涉事闲杂人员信息按要求录入铁路客运信息管理系统。

（14）闲杂人员进入线路的突发事件必须按照突发事件快速汇报制度，限时、逐级向上级部门进行汇报。

（七）车站站台紧急停车应急处置

（1）列车停站或初起动，站车客运人员发现危及旅客人身安全或行车安全，需紧急叫停列车时，使用全路统一的站车专用无线通信频率，呼叫司机停车。呼叫用语为“××次司机，请立即停车。××站客运值班员（客运员）/××次列车长报告”。

（2）司机在接到紧急呼叫时，如列车没有起动则不起动，如列车已起动则应立即紧急制动停车，同时应答呼叫者“××次司机明白”，停车后呼叫者告知司机停车事由。相关人员应及时做好应急处置。

（3）紧急事件处置完毕后，呼叫者通知列车长，列车长通知司机紧急事件处置完毕，同时按规定程序通知司机（机械师）关闭车门，司机按规定程序开车。

（八）列车在车站换乘应急处置

综控室人员接到动车调度员倒换车底的调度命令后，应立即通知值班站长与客运值班员，值班站长通知值班干部，值班干部必须第一时间赶赴现场，根据现场实际情况和调度命令要求，安排客运值班员与列车长取得联系并通报倒换车底情况。

1. 检票前通知倒换车底处置流程

列车检票前综控室接到动车调度员的命令：值乘列车故障，须倒换车底。

1）同站台作业组织

综控室接到动车调度员的倒换车底命令后，应立即通知客运值班员与上水值班员。客运值班员通知检票口准备作业，同时通知车间干部，车间干部通知客运科。检票员利用小区广播做好旅客宣传解释工作。综控室做好热备车底的出库盯控，并通知客运值班员做好车底到达站台的盯控，待热备车底停稳后，站台客运员通知检票口开始检票，综控室通知上水值班员做好热备车底的给水工作，同时做好检票显示屏及站台显示屏的倒换工作。客运值班员在热备列车首部、尾部和中部安排客运人员利用小区广播，引导旅客按车厢号尽快乘车，组织乘降完毕后，客运值班员与上水值班员确认该列车已上完水后通知综控室列车组织完毕，综控室通知动车调度员列车具备发车条件。

2）不同站台作业组织

综控室接到动车调度员的倒换车底命令后，确认热备车底进几站台后应立即通知客运值班员与上水值班员，同时将故障列车车次显示至热备车底所在站台显示屏，做好检票显示屏及站台显示屏的倒换工作。客运值班员通知检票口准备作业，并与综控室联系确认相应检票口，利用广播向候车旅客进行宣传引导，在候车区图定故障车次检票口安排两名客运人员，引导候车旅客至热备车底所在相应的检票口，同时通知车间干部，车间干部通知客运科。检票员利用小区广播做好旅客宣传解释工作。综控室做好热备车底的出库盯控，并通知客运值班员做好车底到达站台的盯控，待热备车底停稳后，站台客运员通知检票口开始检票，综控室通知上水值班员做好热备车底的给水工作。客运值班员在热备列车首部、尾部和中部安排客运人员利用小区广播，引导旅客按车厢号尽快乘车，组织乘降完毕后，客运值班员与上水值班员确认该列车已上完水后通知综控室列车组织完毕，综控室通知动车调度员列车具备发车条件。

2. 停检后通知倒换车底处置流程

停检后，列车关门待开时通知倒换车底。

1）同站台作业组织

综控室接到动车调度员的倒换车底命令后，应立即通知客运值班员与上水值班员。客运值班员立即通知车间干部，车间干部通知客运科，确认热备车底到达相邻站台后，客运值班员联系列车长打开车门放行旅客下车，分别在故障列车首部、尾部和中部安排客运人员利用小区广播，引导下车旅客登乘热备车底相同车厢、相同座位。同时，安排两名客运人员分别自故障列车首部、尾部向中部进行宣传引导和巡视检查，确认旅客全部组织完毕后，向客运值班员汇报。客运值班员联系各部位负责引导的客运人员确认旅客全部换乘完毕，并与上水值班员联系确认上水完毕后，通知综控室列车组织完毕，综控室通知动车调度员列车具备发车条件。

2）不同站台作业组织

综控室接到动车调度员的倒换车底命令后，应立即通知客运值班员与上水值班员，同时将图定故障车次显示至热备车底所在检票口及站台的显示屏。客运值班员立即通知车间干部，车间干部通知客运科，确认热备车底进入相应站台后，客运值班员安排两名客运人员在站台图定故障列车首部、尾部宣传引导旅客经车站规定径路至热备车底停靠的站台，由热备车底停靠站台客运人员引导旅客快速上车。同时，安排两名客运人员分别自故障列车首部、尾部向中部进行宣传引导和巡视检查，确认旅客全部组织完毕后，向客运值班员汇报。客运值班员联系各部位负责引导的客运人员确认旅客全部换乘完毕，并与上水值班员联系确认上水完毕后，通知综控室列车组织完毕，综控室通知动车调度员列车具备发车条件。

三、车站扶梯、直梯故障应急处置

（一）扶梯故障应急处置

1．发现扶梯异常时

发现扶梯出现异声、异速、异味，以及裙板和梯级之间夹持、扶手带夹持、梳齿板夹持、扶手带断裂、梯级下陷等情况时：

（1）扶梯值守人员应立即向扶梯上的旅客提示："请旅客站稳，紧握扶手带，扶梯有异常情况，需要马上停梯。"

（2）扶梯值守人员提示旅客后，迅速按急停按钮停梯。也可使用扶手带入口处的保护开关停梯。

（3）在扶梯入口处引导后续旅客改乘其他扶梯或走步行台阶。同时疏散扶梯上的旅客，对重点旅客进行帮扶。

（4）值守人员按停扶梯后要立即通知客运值班员，客运值班员赶赴现场，同时通知车间、相关部门工作人员。如有旅客受伤，要确认伤害程度，开展相关救治。

（5）疏散扶梯上所有旅客后，要在扶梯出、入口处设置警示标志，提示旅客扶梯故障、无法使用，疏散围观旅客。

（6）扶梯专业管理人员、扶梯维保人员赶赴现场，查明原因，组织检修。检修扶梯时，必须放置围挡。

（7）在扶梯修复前，要采取有效防护措施，防止旅客使用故障扶梯。

2．发现扶梯骤停时

（1）扶梯值守人员应迅速有序疏散旅客，防止旅客跌倒、挤压、踩踏，同时通知客运值班员，客运值班员立即赶赴现场，同时通知车间、相关部门工作人员。

（2）在扶梯入口处引导后续旅客改乘其他扶梯或走步行台阶。同时疏散扶梯上的旅客，对重点旅客进行帮扶。

（3）如有旅客受伤，要确认伤害程度，开展相关救治。

（4）疏散扶梯上所有旅客后，要在扶梯出、入口处设置警示标志，提示旅客扶梯故障、无法使用，疏散围观旅客。

（5）扶梯专业管理人员、扶梯维保人员赶赴现场，查明原因，组织检修。检修扶梯时，必须放置围挡。

（6）在扶梯修复前，要采取有效防护措施，防止旅客使用故障扶梯。

（二）直梯故障应急处置

直梯出现停电、自然灾害、火灾或机械故障时，应急处置流程如下。

（1）被困人员触按求救按钮后，值班人员应立即接听对讲求救电话，记录被困人所在具体位置（地址、层站、直梯编号）、受困人员的身体状况、是否需要医疗救助；安抚被困人员的情绪，劝诫切勿惊慌乱动。

（2）值守人员立即电话通知直梯维保人员、直梯专业管理人员赶赴现场并通报综控室；综控室呼叫客运值班员迅速赶赴现场了解情况，安抚被困人员情绪。如了解到有人员受伤需要联系医院救治，立即联系 120 到场救治。

（3）综控室督促直梯维保人员在规定时间到达指定现场，督促直梯专业管理人员 5 min 内到达指定位置。

（4）在直梯专业管理人员的指挥下，客运工作人员配合直梯维保人员做好被困人员的施救工作。

（5）直梯专业管理人员、直梯维保人员赶赴现场，查明原因，组织检修。检修直梯时，必须放置围挡。

（6）在直梯未修复前，要采取有效防护措施，防止旅客使用故障直梯。

【案例 4－1－1】旅客列车临时停运应急处置

1 月 16 日上午 9:00，因设备故障造成××次列车晚点，为恢复正常运行秩序，铁路局集团公司客运调度员下令 C2008 次列车临时停运。备品为电台、扩音器、音视频记录仪。

综控室：城际值班员，接铁路局集团公司客运调度员命令，C2008 次列车临时停运，请做好现场组织工作。

城际值班员：明白。值班站长，接综控室动车调度员通知，因设备故障造成××次列车晚点，为恢复正常运行秩序，铁路局集团公司客运调度员下令 C2008 次列车临时停运，特向您汇报。

值班站长：明白，做好旅客安抚解释工作，我立即汇报车间。车间主任，接动车调度员通知因设备故障造成××次列车晚点，为恢复正常运行秩序，铁路局集团公司客运调度员下令 C2008 次列车临时停运，特向您汇报。

车间主任：明白，询问客运调度员对停运旅客怎样调号安排，并做好旅客安抚解释及组织工作，我立即赶到现场。

值班站长：明白。计划前台，C2008 次列车车上人数为多少？怎样调号？

计划前台：C2008 次列车共 281 名旅客，安排换乘最近的 C2010 次列车，调号单已写完，请递交 C2010 次列车长。

值班站长：明白。城际值班员，停运的 C2008 次列车售出 281 张车票，安排旅客换乘最近的 C2010 次列车，你马上到计划前台领取调号单，并递交 C2010 次列车长。

城际值班员：明白。各部位注意，因列车晚点影响，C2008 次列车临时停运，组织已售车票旅客换乘 C2010 次列车，组织旅客按照调号单上的座位乘车。

高架检票员、地下检票员、服务台、站台客运员、验证客运员：明白。

城际值班员立即到计划前台领取调号单并通知地上、高架检票口调号的具体位置。在 C2010 次列车检票前将调号通知单交予 C2010 次列车长。

C2008 次列车高架、地下检票员在原 C2008 次检票口处利用小区广播对停运列车旅客进行宣传引导，将调号位置告知旅客，并组织旅客排队等候。C2010 次列车高架、地下检票员先将 C2010 次旅客大队通过检票闸机放到站台，然后再将检票闸机由自动检票状态调整到人工检票状态组织原 C2008 次旅客检票进站。同时利用小喇叭对旅客所乘列车再次进行宣传确认。

城际值班员：C2010 次站台客运员，再次确认旅客是否全部上车。

站台客运员：明白。

站台客运员确认旅客全部上车，并在 C2010 次列车停检确认无赶车旅客后，向列车长报告响铃发车。

城际值班员：综控室，C2010 次列车组织完毕，C2008 次旅客已全部组织到 C2010 次列车上，可以开车。

综控室：好的。

综控室将组织情况向动车调度员汇报。

【案例 4－1－2】站台紧急停车应急处置

C2018 次列车已停止检票，站台客运员联系东、西、地下检票口确认已无赶车旅客，再次确认站台旅客已乘降完毕后，响铃发车，随后列车长联系司机关闭车门。与此同时站台客运员发现 5 车厢车门处突然有一名旅客下车，在下车过程中将背包卡在关闭的车门处，旅客试图将背包拿出但未成功，此时列车已缓缓启动。

站台客运员（转换至电台 1 频）：（电台）C2018 次司机，请立即停车。×站客运员报告。

列车司机：（电台）C2018 次司机明白。

＊记明停车时间（9:15 停）。

站台客运员：客运值班员，C2018 次列车开车后发现车门夹物未完全关闭，现已拦停列车。

客运值班员：明白。

客运值班员：（电话通知）公安值班室，C2018 次列车开车后发现车门夹物未完全关闭，现已拦停列车，请派人支援处理。

公安值班室：（电话通知）公安段明白，马上赶到现场。

*记明通知时间。

客运值班员：(电台) C2018 次司机有吗，×站客运值班员呼叫。

列车司机：C2018 次司机有，请讲。

客运值班员：C2018 次司机，发现你车 5 号车门门缝处夹有异物，未完全关闭，特通知你停车。

列车司机：C2018 次司机明白。

*客运值班员会同公安人员，到达 5 号车门停车处，将异物清除。

客运值班员：C2018 次列车长，紧急情况处理完毕，×站客运值班员。

列车长：C2018 次列车长明白。C2018 次司机，紧急情况已处理完毕，可以关闭车门。

列车司机：C2018 次司机明白。

*记明重新开车时间。

车站站台接送车作业位置如图 4 -1 -3 所示。

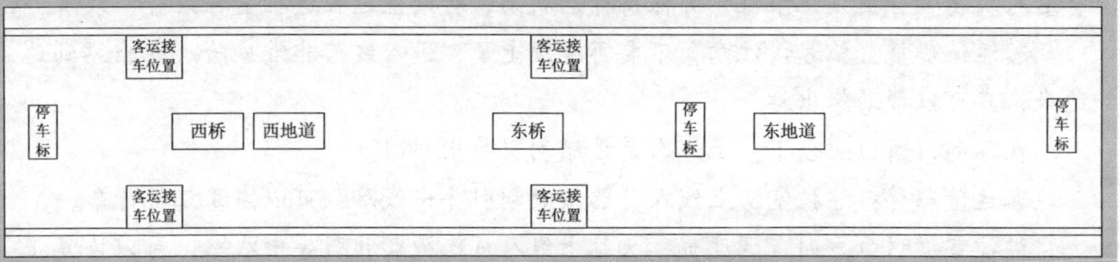

图 4 -1 -3　车站站台接送车作业位置

【案例 4 -1 -3】线路进入闲杂人员应急处置

8 月 27 日上午 9:00 G1704 次列车 7 站台进站后，站台东端接车客运员发现一名旅客下车后顺站台向东端行走并跨越护栏进入高速铁路线路，客运员及时采取处置措施。

东端接车客运员：客运值班员，G1704 次进站后，发现一名下车旅客顺站台向东端行走并跨越护栏进入高速铁路线路，跨越 9 站台正往×方向行走，客运员×××报告（向东端边跑边汇报）。

客运值班员：明白，马上赶到。综控室，G1704 次进站后，发现一名下车旅客顺站台向东端行走并跨越护栏进入高速铁路线路，跨越 9 站台正往×方向行走，特此汇报。

综控室：明白。信号楼应急值守人员、列车调度员，我是×站综控室值班员×××，G1704 次进站后，发现一名下车旅客顺站台向东端行走并跨越护栏进入高速铁路线路，跨越 9 站台正往×方向行走，特此汇报。

信号楼应急值守人员、列车调度员：明白。

客运值班员：值班站长、客运主任，G1704 次进站后，发现一名下车旅客顺站台向东端行走并跨越护栏进入高速铁路线路，跨越 9 站台正往×方向行走，特此汇报。

值班站长：明白，立即赶到。

客运主任：明白，立即赶到。

客运主任：驻站公安，我是客运主任×××，G1704次7站台进站后，发现一名下车旅客顺站台向东端行走并跨越护栏进入高速铁路线路，跨越9站台正往×方向行走，特此汇报。

驻站公安：明白，立即赶到。

客运主任将同样内容分别汇报给客运科、主管站长和值班站长。

启动应急响应程序后，车站干部、客运相关人员、驻站公安立即赶赴现场最近安全区域进行处置。

列车调度员：×站综控室，现在可以上线处置。

综控室：明白，客运值班员，现在可以上线处置。

客运值班员：明白。

综控室及时将视频监控调整到最佳监控角度，对突发情况进行指挥、录像。现场客运人员携带音视频记录仪，并保持开启状态，对处置过程进行全程录音、录像。

客运值班员：旅客请注意，不要再继续走了，进入线路非常危险。想出站到这边来，我可以帮助您出站。

在各部门通力配合下，上线人员被顺利引导出线路。

客运值班员：综控室，上线人员已被顺利引导出线路，可以恢复正常行车。

综控室：明白。列车调度员，×站上线人员已被顺利引导出线路，可以恢复正常行车。

列车调度员：明白。

任务训练

实训项目	高速铁路车站客运作业应急处置训练
实训目标	1. 结合实际，加深对高速铁路车站客运作业应急处置的认识与理解 2. 培养对高速铁路车站客运作业应急处置要求的学习兴趣
实训内容及组织	由教师组织，学生自愿组成小组，每组6～8人，选择以下题目进行高速铁路车站客运作业应急处置的训练 1. 动车组列车在车站不同站台换乘应急处置训练 2. 站台紧急停车应急处置训练 3. 线路进入闲杂人员应急处置训练 4. 列车临时停运应急处置训练
实训考核	1. 每组提交一份实训报告 2. 各组进行汇报 3. 教师根据各组的实训报告与课堂汇报进行评估

任务二

高速铁路动车组列车客运乘务作业应急处置

能力目标

能做好高速铁路动车组列车发生火灾爆炸、重大疫情、食物中毒、空调失效、设备故障和列车大面积晚点、停运、变更径路、启用热备车底等非正常情况时的应急处理工作。

知识目标

掌握高速铁路动车组列车客运乘务作业应急处置的质量要求和方法。

相关知识

扫描二维码，获取数字资源

一、高速铁路动车组列车客运乘务应急处置质量要求

遇火灾爆炸、重大疫情、食物中毒、空调失效、设备故障和列车大面积晚点、停运、变更径路、启用热备车底等非正常情况时，及时启动应急预案，掌握车内旅客人数及到站情况，维持车内秩序，准确通报信息，做好咨询、解释、安抚、生活保障等善后工作。动车组列车应急处置质量要求见表 4－2－1。

表 4－2－1　动车组列车应急处置质量要求

项目	质量要求
应急物品配备	配备照明灯、扩音器、口笛等应急物品，电量充足，性能良好。灾害多发季节增备易于保存的食品、饮用水和应急药品，单独存放
列车晚点	列车晚点 15 min 以上时，列车长根据调度、本段派班室（值班室）或车站的通报，向旅客公告列车晚点信息，说明晚点原因、预计晚点时间。广播每次间隔不超过 30 min，可利用电子显示屏实时显示
列车空调故障	遇列车空调故障时，有条件的，将旅客疏散到空调良好的车厢；需开启车门通风的，按规定安装防护网，设专人防护。在停车站，开启站台一侧车门；在途中，开启运行方向左侧（非会车侧）车门。运行途中劝阻旅客不要在连接处停留，临时停车时严禁旅客下车。在站停车须组织旅客下车时，站车共同组织。按规定做好旅客到站退还票价差额的站车交接工作

续表

项目	服务质量要求
启用热备车底	热备车底的乘务人员、随车备品和服务用品同步配置到位。遇启用热备车底时，做好宣传解释工作，配合车站组织旅客换乘其他列车，或者按照车站通报的席位调整计划组织旅客调整席位，按规定做好站车交接
变更径路	遇变更径路时，做好宣传解释工作，配合车站组织不同径路的旅客下车，按规定做好站车交接
车门故障	遇车门故障无法自动开启时，手动开启车门并通知随车机械师处理；无法关闭时，由专人看守并通知随车机械师处理。使用车门紧急解锁拉手后，及时复位

二、高速铁路动车组列车客运乘务非正常情况应急处置

（一）始发站启动热备车底应急处置

（1）热备人员实行24 h备班制，在指定地点备班。

（2）车队干部实行24 h值班制，值班干部和热备班组列车长要保证联系渠道畅通。

（3）热备班组列车长需携带电报、客运记录。全体乘务员按规定着装，携带出乘备品，做好随时担当任务的准备。

（4）车队干部接到启动热备车底调度命令后，立即通知热备班组列车长组织乘务员召开出乘会、布置任务。全体乘务员必须于接令后20 min内赶赴站台接车。

（5）热备班组到达热备车底后，列车长第一时间检查确认各部门人员及备品到位情况，并及时向车队、派班室、客运调度员汇报。

（6）接车后，列车长立即协同机械师、乘警对列车的设备、设施、备品、消耗品和上水情况进行检查。

（7）列车长及时与车站取得联系，确定车站售票方式，并全力做好上车旅客的组织工作（包括与车站协调现场出现的各种问题），乘务员要认真仔细组织验票，严禁持其他车次车票的旅客上车。

（8）车队值班干部要到现场指挥，组织旅客乘降。

（9）故障车停靠站台换乘时，应尽可能安排在同一站台；不能在同一站台换乘时，应组织旅客通过天桥或地道换乘，严禁跨越股道换乘。故障车在站内没有停靠站台时，换乘处置程序比照区间换乘的处置程序办理。

（10）换乘时，站车应按照车站事先确定的换乘组织方案组织旅客换乘，同时严禁持其他车次车票的旅客上车。

（11）遇上述应急状况时，由调度所客服调度员通知客服中心，以便客服代表回复旅客的咨询和投诉。

（二）途中更换车底应急处置

（1）列车运行途中，当列车长接到司机转达的组织旅客换乘热备动车组的命令后，

应立即向列车工作人员传达，列车工作人员要检查车内情况，坚守岗位。

（2）列车应通过广播向旅客通告换乘的决定，告知安全注意事项。列车长应代表铁路部门对列车不能按时运行给旅客出行带来的不便向旅客致歉，感谢旅客的配合，并做好后续服务工作，取得旅客的支持与谅解。

（3）在站内换乘时，调度部门应尽量安排在同一站台换乘，列车长应根据救援车型提前预想换乘方案，组织全体乘务员协助旅客做好换乘工作。车站要按照每车厢一人的标准安排客运人员及时做好相关席位置换、旅客引导、站车交接等工作。

（4）在区间换乘时，动车组停靠指定位置后，动车组司机通知列车长。列车长接到司机通知后，组织列车工作人员打开指定车厢车门，放置好应急梯或渡板，并指派专人做好防护，组织旅客有序换乘。

（5）旅客换乘完毕，列车工作人员应将应急梯和渡板收好并定位存放，确认车内无旅客遗留物品后关闭车门。

（6）遇上述应急状况发生时，由调度所客服调度员通知客服中心，以便客服代表回复旅客的咨询和投诉。

（三）高架线路疏散旅客应急处置

（1）列车长接到由高架线路应急疏散通道疏散旅客的命令时，应确认应急疏散通道的位置、方向、距离，尽快通知列车乘警、机械师、乘务员、乘服员、餐服员做好相应的准备工作。

（2）司机在接到列车调度员已扣停邻线列车的口头指示后，立即通知列车长。列车长接到司机通知后，组织列车工作人员打开指定车厢车门，架设应急梯，并设专人在应急梯架设处进行防护，防止旅客摔伤。

（3）列车乘务人员组织旅客顺序从应急梯向车下转移、集结，并携带通信设备、照明装置随时与司机保持联系。列车长随时听取各车厢旅客疏散情况报告，并与司机保持联系。

（4）旅客下车后，列车乘务人员要组织旅客有序顺步行通道向应急疏散通道疏散；列车长在前、乘警在后，同时列车长指定专人在队伍中部进行疏导和安全宣传。

（5）疏散过程中需跨越线路时，必须得到调度允许并设置专人进行防护。

（6）列车工作人员在组织旅客由应急疏散通道往地面转移的过程中，要做好旅客安全防护工作，对重点旅客做好重点防护。

（7）到达地面安全地带后，列车长组织全体工作人员清点人数，并将现场情况报告列车运行所在局客运调度，同时向段派班室、车队汇报。列车长代表铁路部门向旅客致歉，同时组织乘务员做好服务组织工作，等待后续救援。

高架线路疏散应急处置如图 4－2－1 所示。

（四）隧道疏散旅客应急处置

（1）列车长接到由隧道逃生口疏散旅客的命令时，应首先确认隧道逃生口的位置、

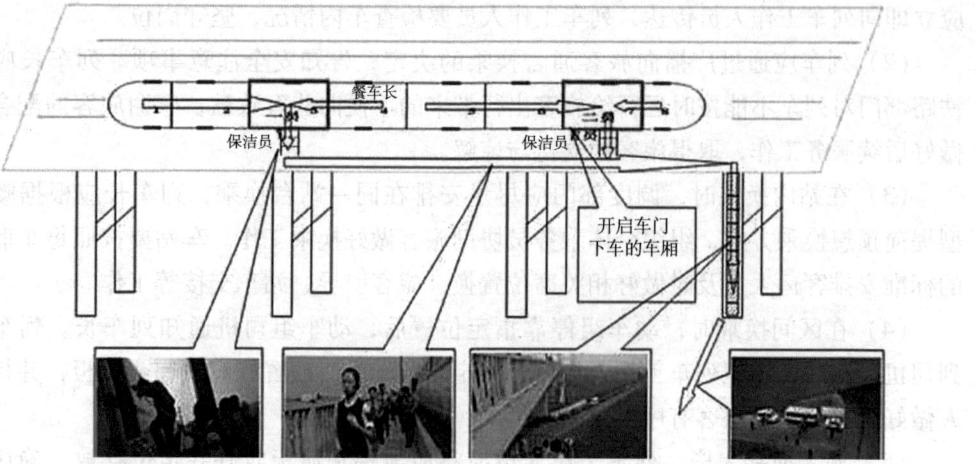

图 4－2－1　高架线路疏散应急处置

方向、距离，尽快通知列车乘警、机械师、乘务员、乘服员、餐服员做好相应的准备工作。

（2）列车长通知机械师和乘务员手动打开指定车门。如需架设应急梯，应指定专人在应急梯架设处进行防护，防止旅客摔伤。

（3）列车乘务人员组织旅客顺序从应急梯向车下转移、集结，并携带通信设备、照明装置随时与司机保持联系。列车长随时听取各车厢旅客疏散情况报告，并与司机保持联系。

（4）旅客下车后，列车乘务人员要组织旅客有序顺步行通道向隧道逃生口疏散（根据公里标确定逃生口位置）；列车长在前，乘警在后，同时列车长指定专人在队伍中部进行疏导和安全宣传。

（5）疏散过程中需跨越线路时，除设置专人进行防护外，还必须与司机联系。司机与调度联系确认邻线无车时通知列车长，方可跨越线路。

（6）列车工作人员在组织旅客由隧道逃生口往洞外转移的过程中，要做好旅客安全防护工作，对重点旅客做好重点防护。

（7）到达安全地带后，列车长组织全体工作人员清点人数，并将现场情况报告相关客运调度，同时向段派班室、车队汇报。列车长代表铁路部门向旅客致歉，同时组织乘务员做好服务组织工作，等待后续救援。

双洞单线和单洞双线隧道救援通道结构如图 4－2－2 所示。

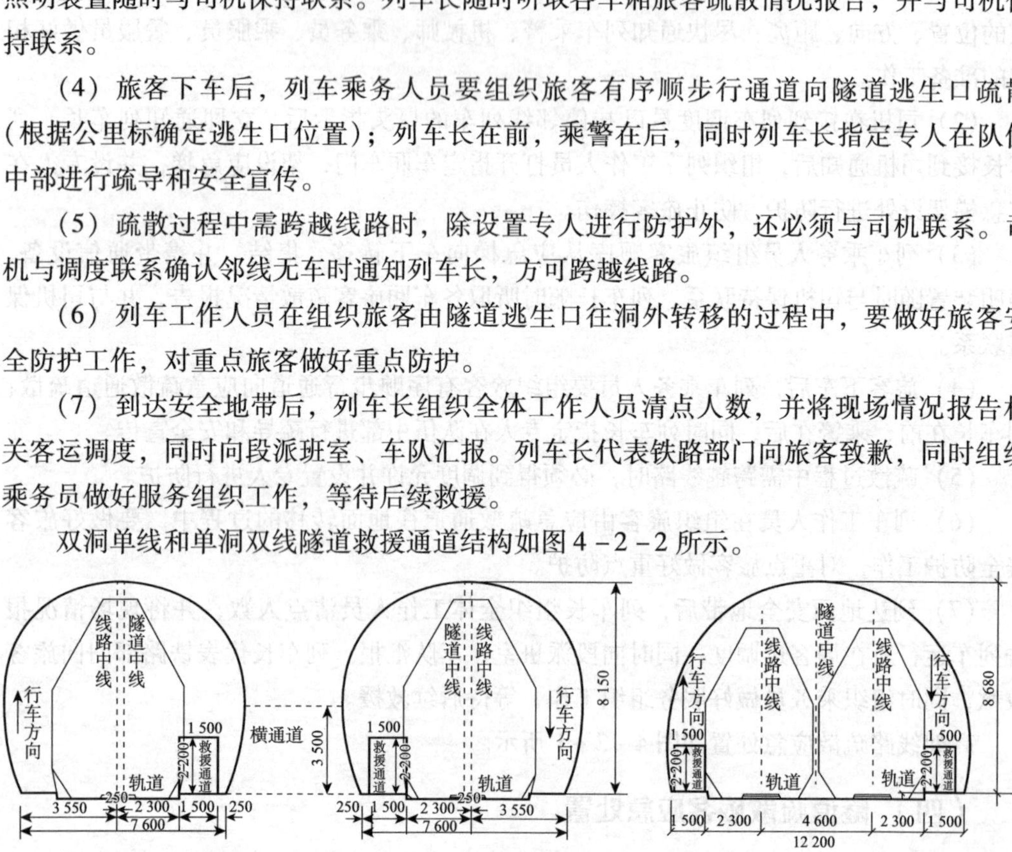

图 4－2－2　双洞单线和单洞双线隧道救援通道结构（单位：mm）

（五）列车未对标停车应急处置

（1）列车停稳后，列车员发现值乘车厢未上站台、影响旅客乘降时，要立即向列车长汇报，并在值乘车门做好安全防护，同时加强对车厢内旅客的安全宣传和安抚工作。

（2）列车长接到汇报后，要立即联系司机暂不打开车门并简要说明情况；联系车站确认未上站台车厢数量；要求广播员加强宣传广播，组织相关人员赶到未上站台车厢内做好宣传。

（3）列车长通过电台与车站联控了解列车车厢未上站台情况，向司机说明具体情况，询问是否可重新对标停车。

（4）主动向旅客做好安全提示，待列车重新对标停稳后，确认车厢全部停靠站台后，列车长联系司机打开车门，组织旅客乘降。

（5）当得到司机“不重新启动对标停车”的通报后，列车长要安排足够数量乘务人员赶到未上站台的车厢车门处做好安全防护准备和车内宣传，通知司机打开车门，疏导旅客通过临近上站台的车厢乘降。

（六）列车晚点及大客流应急处置

（1）客运段指挥中心接到铁路局集团公司启动大面积晚点应急响应命令后，要及时将情况向值班领导、主要领导、主管领导汇报，并立即启动应急响应。

（2）应急响应启动后，指挥中心要及时通知各科室负责人到岗到位，做好应急准备。

（3）客运段乘务科、供应科、乘服车间要及时组织乘务人员、卧具备品、保洁公司做好开行临客的各项准备工作。

（4）客运段指挥中心要将集团公司拟定的列车广播词通知值班段领导及各相关车队、列车长。

（5）列车长及时向运行所在局客运调度了解晚点情况，并按照铁路局集团公司拟定的列车广播词在车内进行反复广播宣传，告知旅客。广播每次间隔不超过 30 min。

（6）列车长要组织乘务人员做好旅客安抚和老弱病残旅客照顾工作，尽量满足重点旅客需求。同时，迅速掌握车内旅客人数和到站情况，准确了解旅客改签、退票需求，并向客运部值班人员报告。

（7）遇列车长时间滞留导致集便器满容而无法使用时，要迅速通知机械师开启直排功能。

（8）对涉及用餐时段的动车组列车，列车长要根据列车晚点情况请求所在局集团公司调度给予免费供餐、饮水支持并做好相关工作。

（9）晚点列车要根据实际情况做好应急通风、中途旅客下车的组织工作。

（七）列车应急吸污组织应急处置

（1）途中遇有动车组列车 30% 以上的卫生间集便箱满载停用，预计无法维持使用至下一图定吸污站点时，由列车长视情况，按照公布的高速铁路吸污站名单选择应急吸污站，原则上选择本次列车停靠车站，提前 1 h 向吸污站所属局集团公司高速铁路客服调度员提出应急吸污请求，具体内容包括车次、车站、吸污车厢号。

（2）高速铁路客服调度员接到列车长的应急吸污请求后，经值班主任（值班副主任）准许，及时向有关车站、吸污作业单位发布应急吸污作业的调度命令，抄送有关列车调度员，并通知列车长。列车长转报司机、随车机械师。不具备作业条件或来不及安排时，值班主任（值班副主任）立即报国铁集团调度，并由高速铁路客服调度员或客运调度员通知列车长。

（3）吸污作业单位接到调度命令后，应立即组织人员进行吸污作业，作业完毕向站台客运值班员汇报，客运值班员按《铁路旅客运输服务质量规范》要求，确认吸污作业完毕并通知列车长。

（4）如因列车晚点、股道运用、动车组检修等原因无法按计划安排当日终到吸污的，由吸污单位汇报高速铁路客服调度员或客运调度员。

动车组列车给水卫生系统示意图如图 4－2－3 所示。

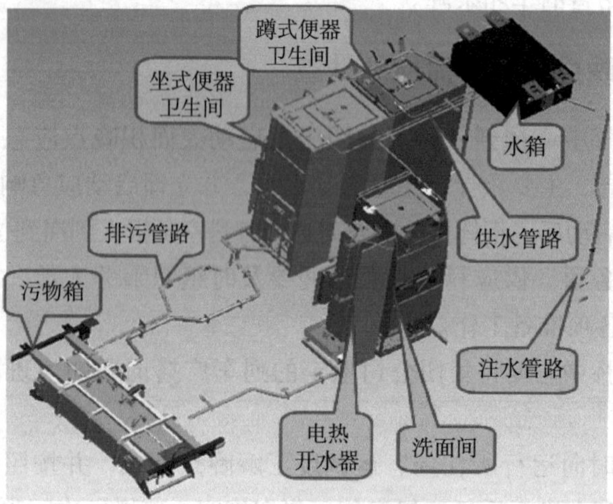

图 4－2－3　动车组列车给水卫生系统示意图

三、动车组列车设备故障应急处置

（一）列车空调失效应急处置

扫描二维码，
获取数字资源

（1）列车空调故障失效超过 20 min，严重影响旅客乘车舒适度时，列车长向所在局集团公司客运调度汇报。通知全体工作人员坚守岗位，未得到列车长命令，不得擅自打开车门。

（2）列车乘务人员应及时对旅客开展宣传、解释、安抚、服务工作，对车内重点旅客开展重点帮扶。

（3）列车长、乘警要动员和组织车内武警、军人、国家干部、医务人员协助列车乘务人员共同维护好车内秩序。

(4) 列车长视车内温度和旅客舒适度作出打开车门的决定，通报司机、随车机械师；列车长要确定运行方向左侧非会车一侧车门开放的具体位置，做好安装防护网前的各项准备工作。

(5) 得到列车调度员准许“安装护网、打开车门”的通知后，列车长组织列车乘务人员在指定位置安装护网，并按照“一人一门”值守的要求，安排列车乘务人员在准备打开的车门处防护值守；列车长确认防护网安装牢固、值守人员到位后，通知打开车门、全程值守，严禁旅客靠近车门。

(6) 动车组全列空调失效但可维持运行时，列车长要密切关注动车组车厢温度及旅客感受。在炎热期（6月至9月），列车长要提前预判，及时通知司机向调度员提出在前方最近客运站停车的请求。

(7) 动车组车厢单个或多个空调失效时，列车长应综合考虑车内客流、故障车厢旅客数量等情况，在尽量保证旅客服务质量的前提下疏散故障车厢旅客至其他车厢。

(8) 装有外开式塞拉门的动车组进站前，需停车关闭车门。列车长在停车并接到司机关门的通知后，指挥各看护人员手动关闭车门，确认关闭车门完毕后报告司机。

(9) 空调恢复正常工作、车内温度达标后，列车长组织工作人员在动车组车门关闭后，适时撤除防护网。

（二） 车窗玻璃破损应急处置

(1) 乘务员值乘时要按规定时间巡视车厢，在列车运行中发现车厢车窗（门）玻璃破损后，要立即将发现时间、运行区间、运行方向的左/右侧及破损情况向列车长、随车机械师及乘警汇报。

(2) 列车长在接到汇报后要及时赶赴现场，查看旅客受伤、物品损失等情况，收集现场证据材料，并按规定编写电报，在前方停车站拍发，向有关部门报告。同时，立即通知随车机械师到场处理，并按规定向司机进行通报。

(3) 动车组列车车窗玻璃破损影响车厢气密性时，由随车机械师负责通知司机限速运行。造成列车晚点时，列车长及全体乘务员要做好车内巡视及服务工作，按规定进行车内通报，并做好更换车底准备。

(4) 列车长应在事件发生后，立即向客运段指挥中心及所属车队进行汇报，客运段指挥中心向集团公司客运部值班人员进行汇报，并向值班段领导、主管段领导进行汇报。

（三） 动车组区间故障

(1) 动车组列车运行中出现故障时，司机应按车载信息监控装置的提示，按规定及时处理；需要由随车机械师处理时，司机应通知随车机械师。经处置确认无法正常运行时，司机应按车载信息监控装置的提示和随车机械师的要求，选择维持运行或停车等方式，并报告列车调度员（非常站控时为车站值班员）。

动车组因自身故障在规定处置时间内不能恢复运行或运行中发生因外界打击、部件脱落不能继续运行时，随车机械师通知司机立即向列车调度员请求救援。

（2）列车调度员接到动车组列车在区间故障停车的报告后，立即指示已进入区间的后续列车停车，扣停未进入区间的后续列车。

列车调度员接到救援申请后根据情况安排动车组或机车担当救援。在救援列车到达前，随车机械师应积极按照应急指挥人员指导处置故障，司机配合处置。

（3）调度所值班主任立即到调度台组织救援，根据需要启用热备动车组。

（4）列车调度员根据邻线列车运行情况，经值班主任（副主任）准许，组织后续列车反方向运行。

（5）当故障列车处理后可继续运行时，列车调度员根据司机请求和现场情况，可取消前发救援调度命令。需限速运行时，司机根据随车机械师的要求向列车调度员报告，动车组按限速要求运行。

【案例4－2－1】高速铁路动车组隧道疏散旅客应急处置模拟演练

（一）启动照明

得到调度指示需疏散旅客下车等待救援时，应立即开启隧道照明。列车长应安排乘务人员（原则上为男性）与乘警（安全员）各自携带性能良好的通信、照明工具，手动解锁指定车门，并分别沿隧道内的疏散通道往列车运行前、后方向到就近的照明开关箱开启隧道照明，开启后迅速原路返回列车。

列车长：3～4车列车员，你和乘警（安全员）使用应急灯从3车下车负责寻找隧道照明开关，然后原路返回，注意安全。

3～4车列车员：明白。

乘警（安全员）：收到。

列车长：G××次随车机械师，对讲。

随车机械师：G××次随车机械师有，请讲。

列车长：请手动解锁打开3车一位车门，做好开启车门后的防护。

随车机械师：收到。

列车长：全体乘务人员注意，请加强车厢巡视，安抚旅客情绪。

列车员、餐服员依次回答：收到。

在乘警（安全员）和3～4车乘务员下车的过程中，列车长和机械师做好帮扶。

乘警（安全员）和3～4车乘务员开启照明后，立即对讲报告列车长：G××次列车长，隧道照明已经开启，我们将原路返回。

列车长：收到，请迅速原路返回，注意安全。

（二）确认位置

在组织开启隧道照明的同时，列车长通过司机向调度了解隧道出口救援站的位置、方向、距离，确定路线并告知全体列车工作人员，做好疏散旅客的准备，按分工架设应急梯。

列车长：G××次司机，请向行车调度确认隧道出口救援站的位置、方向、距离。

司机请示调度后回复列车长：G××次列车长，隧道出口救援站距离运行前方××千米。

列车长：收到。

列车长对讲通知全体乘务人员疏散方案：全体乘务人员注意，按照调度命令，列车将实施隧道内疏散。目前隧道照明已经开启，疏散位置为运行前方××千米，隧道口外救援站。收到请回复。

乘务人员逐一回复：明白。

（三）组织疏散

（1）列车长组织手动解锁打开非会车一侧3车与4车、7车与6车连接处车门，架设应急梯，1名列车员在车门口防护，1名列车员在车下扶梯防护，向车下疏散旅客。

乘务员口头宣传：请把稳扶手，注意脚下。

（2）列车长要首先下车，在两个疏散门间巡视，并利用扩音器宣传、引导下车旅客撤离至安全地带，乘警（安全员）在车内进行安全巡视检查，确保安全、有序、迅速疏散。

列车长口头宣传：请旅客们注意脚下安全，听从工作人员引导。

（3）应急梯架设过程中，两名餐服员分别到餐车两侧车厢引导、宣传、组织旅客通过指定车门向车下疏散。

（4）疏散期间分管3～4车的列车员协助列车长进行广播宣传等作业。

广播用语：请从3车和6车车门下车，听从列车工作人员的引导，按先后顺序下车。不要拥挤、不要慌忙抢下和跳车。下车后要特别注意邻线列车，在列车工作人员指定的地点等待，照顾好身边的老人和儿童。

（5）旅客下车完毕，两名餐服员返回车内巡视检查，确认无人（物品）滞留车内后向列车长报告，最后下车。

餐服员：列车长，全列巡视完毕，确认旅客已经全部下车。

列车长：收到，请下车协助其他乘务人员维持秩序。

餐服员：明白。

（6）全列疏散下车后，列车长引导旅客至安全地带，列车员、乘警（安全员）、餐服员负责行进过程中的防护。队伍前、中、后部都要安排乘务人员引导。

（7）到达指定救援地点后，列车长组织乘务人员清点旅客人数。做好在指定地点的看护工作，防止旅客返回车厢或侵入邻线及其他有害区域。

列车长：全体乘务人员注意，我们已经到达等待救援地点，请迅速清点旅客人数并报给我。

旅客全部下车后，列车长指派车门口防护的列车员将应急梯收回，除一名列车员和一名餐服员全列留守外，其他乘务人员下车参与疏散队伍的引导工作。

列车长：将应急梯收回，1车列车员和餐服员在××车内留守，锁闭车门。其他乘务人员下车维护疏散队伍安全。

乘务人员依次回答收到。

3~4车列车员：报告列车长，疏散过程中一名旅客摔倒，右侧膝盖摔破出血，座席号3车4F。

列车长：请迅速为旅客包扎处理。

3~4车列车员：收到。

（四）信息报告

列车长掌握人数和疏散时间后，迅速向高速铁路客服调度进行报告：高速铁路客服调度，我是G××次列车长，因列车在隧道内失去动力，已按要求组织隧道内疏散。于×时×分开始向隧道出口救援站疏散旅客，×时×分疏散完毕，共疏散旅客×名，重点旅客×名，疏散中3车4F座席旅客摔倒，右侧膝盖摔破出血，已经为旅客包扎处理。目前在××隧道出口等待救援，请指示。

高速铁路客服调度：请原地等待救援，保证旅客安全。

列车长：明白。

【案例4-2-2】高速铁路动车组站停车门故障无法关闭应急处置模拟演练

（一）立即报告

G××次在××站，列车长确认旅客乘降完毕后通知司机关门。车门关闭时，列车员发现1车车门故障，立即向列车长报告。

列车长确认旅客乘降完毕后通知司机关门：G××次司机，旅客上下完毕，请关门。（两遍）

司机：G××次司机明白。

车门关闭过程中，1~2车列车员发现1车车门未自动关闭，立即向列车长报告。

1~2车列车员：报告列车长，1车车门未自动关闭。

列车长：收到。G××次随车机械师，1车车门未自动关闭，请立即到场处理。

随车机械师：G××次机械师收到。

（二）应急处置

随车机械师对故障车门进行手动关闭隔离处理，列车长组织乘务人员引导旅客进入车厢。

随车机械师：G××次列车长，1车车门已经隔离，可以正常运行。

列车长：G××次司机，随车机械师已将1车车门关闭隔离，可以开车。

司机：G××次司机明白。

列车长：1 车列车员，将 1 车故障车门粘贴故障标志，并对故障车门进行重点监控，列车到站提前组织 1 车旅客到 2 车车门下车。

列车员：1 车列车员收到。

（三）信息报告

列车长向高速铁路客服调度报告：高速铁路客服调度，我是 G××次列车长，列车在××站开车时，1 车车门未自动关闭，随车机械师到场将故障车门进行手动关闭隔离处理，列车已恢复正常运行。

【案例 4-2-3】高速铁路动车组在恶劣天气中断行车应急处置模拟演练

（一）立即报告

×月×日，G××次列车因暴雨天气中断行车，列车运行在××站至××站间临时停车。

列车员广播临时停车：女士们、先生们，现在是临时停车，请您耐心等候。

扫描二维码，
获取数字资源

列车长：G××次司机，什么原因停车？

司机：因强暴风雨天气，中断行车。

列车长对讲机通知列车员：全体列车员注意，因暴风雨天气，列车中断行车，列车员立即统计分管车厢旅客及重点旅客情况，餐车长立即统计食品及饮用水情况，并做好宣传解释工作，安抚旅客情绪，维护车内秩序。

列车员依次回答：×车列车员收到。

列车长广播致歉：女士们、先生们，因暴风雨天气，列车中断行车，需在此停留，有关部门正在处置。我们将及时通告相关信息，请耐心等候，感谢您的理解与配合。

列车长检查确认应急备品的配备情况。

列车员依次回复：报告列车长，×车共有旅客××人，无重点旅客。

餐车长：报告列车长，餐车现有盒饭××箱、饮用水××箱。

列车长：全体列车员，立即启动《高速铁路动车组晚点应急处置预案》。

列车员依次回答：×车列车员收到。

列车长向高速铁路客服调度报告：高速铁路客服调度，我是 G××次列车长，因暴风雨天气中断行车，×时×分列车在××站至××站间临时停车，车内现有旅客××人，无重点旅客，餐车现有盒饭××箱、饮用水××箱，应急备品配备齐全，作用良好，旅客情绪稳定，车内秩序良好。

（二）应急处置

列车长组织列车工作人员，安抚旅客并积极解决旅客困难，加强重点旅客服务照顾，对有需求的旅客发放防寒被。

列车长：各车列车员注意，因暴风雨天气大家要做好车内保温工作，将车厢两端隔断门关闭，保持车内温度，餐车做好饮用水和食品供应，防止旅客使用明火照明或自行打开车门下车。

列车员依次回答：×车列车员收到。

高速铁路客服调度：G××次列车长，由于暴风雨导致接触网故障，将采用内燃机车实施救援，请原地待命，保证旅客安全。

列车长：明白。

【案例4-2-4】高速铁路动车组司机突发急病无法乘务的应急处置模拟演练

（一）立即停车

×月×日，G××次列车运行在××站至××站间，司机突发疾病，不能安全控制列车，司机立即停车。

列车员广播临时停车：女士们、先生们，现在是临时停车，请您耐心等候。

列车长：G××次司机，什么原因停车？

司机：我感觉身体不适，眼睛发花。

列车长、随车机械师立即到场，由随车机械师打开操纵端司机室门，了解司机病情及停车地点。

列车长对讲机通知列车员：5~6车列车员立即将红十字救护药箱拿到1车司机室，3~4车列车员广播寻找医务工作者。

3~4车列车员广播：女士们、先生们，本次列车有人患病，请医务工作者到1号车厢与列车工作人员联系，我代表患病人员向您表示感谢。

列车长立即向高速铁路客服调度及客运段生产调度管控中心报告：高速铁路客服调度，我是G××次列车长，因列车司机突发疾病，不能安全控制列车，列车临时停留在××站至××站间××千米××米处，已经通过广播寻找医务工作者，红十字救护员已经到场。

（二）迅速抢救

医务工作者与列车红十字救护员共同对司机实施救治。

列车长：1~2车列车员，维护好车厢秩序，确保救治现场空气流通。

列车员：明白。

经医务工作者与红十字救护员救治，司机病情好转，确认可以继续担负乘务工作。

（三）反馈信息

司机与列车长确认开车后，列车长向高速铁路客服调度报告：高速铁路客服调度，我是G××次列车长，经医务工作者和红十字救护员救治，列车司机可以继续担负乘务工作，列车现已开车，旅客无不良反应。

任务训练

实训项目	高速铁路动车组列车客运乘务作业应急处置训练
实训目标	1. 结合实际，加深对高速铁路动车组列车客运乘务作业应急处置的认识与理解 2. 培养对高速铁路动车组列车客运乘务作业应急处置要求的学习兴趣
实训内容及组织	由教师组织，学生自愿组成小组，每组6～8人，选择以下题目进行高速铁路动车组列车客运乘务作业应急处置的训练 1. 高速铁路动车组列车空调失效应急处置训练 2. 高速铁路动车组列车设备故障应急处置训练
实训考核	1. 每组提交一份实训报告 2. 各组进行汇报 3. 教师根据各组的实训报告与课堂汇报进行评估

复习思考题

1. 高速铁路车站遇恶劣天气时应如何处理?
2. 高速铁路车站遇突发大客流时应如何处理?
3. 高速铁路车站遇客票系统故障时应如何处理?
4. 如何组织动车组列车在车站不同站台进行换乘?
5. 高速铁路动车组列车遇空调失效时如何处理?
6. 高速铁路动车组列车遇列车设备故障时如何处理?

项目五

高速铁路旅客病伤应急处置

项目描述

为依法妥善处理铁路旅客人身伤害及携带品损失、维护旅客合法权益，在处理旅客人身伤害或携带品损失时应当坚持实事求是、依法依规、就近及时的原则。本项目主要介绍高速铁路旅客意外伤害应急处置、旅客常见急症应急处置及心肺复苏的相关知识。通过本项目的学习，学生能够掌握高速铁路旅客病伤应急处置的基本技能。

任务一

高速铁路旅客意外伤害应急处置

能力目标

能正确处理列车、车站发生的旅客意外人身伤害。

知识目标

掌握旅客人身伤害的应急处置方法，车站、列车发生旅客食物中毒事件的应急处置方法，车站、列车发生重大疫情的应急处置方法。

相关知识

树立“以人为本、关爱生命”的思想，切实履行铁路运输企业对突发疾病旅客实施救助义务，保障旅客在旅行途中的健康和安全。

一、旅客人身伤害应急处置

（1）列车、车站发生旅客人身伤害时，站车工作人员应当到场查看旅客伤害情况，报告列车长、站长，稳定人员情绪，维护现场秩序。

（2）因旅客伤害需交车站处理时，应移交前方县、市所在地车站或者当地具备公共医疗条件的停车站；需要提前报告运行所在局客运调度时，由客运调度通知车站做好救护准备工作。

（3）列车因旅客伤害严重需紧急停车处理或发生 3 人以上疑似食物中毒的，应立即报告运行所在局客运调度。接到报告后，客运调度应当立即根据列车长提出的要求，通知有关车站及值班主任（列车调度员），需要停车处理的应停车处理，并报告本局客运处。

（4）车站对本站发生的及列车移交的受伤旅客，应当及时联系当地医疗急救机构或送就近医院抢救。

（5）发生旅客人身伤害、需要保护现场时，应当及时采取措施保护现场，禁止与救援、调查无关的人员进入。必要时可请求地方政府协助。

（6）发生旅客人身伤害后，列车长、站长应当及时组织现场查验，全面搜集、梳理相关证据资料，检查旅客所持车票的票种、票号、发到站、车次、有效期及有效身份证件信息等，描绘现场旅客定位图，收集不少于两份同行人或见证人的证言及查验记录、现场照片、录像等其他相关证据，形成比较完整的证据链，能够证明发生的过程和原因，初步明确性质并妥善保管。

（7）列车向车站移交受伤旅客时，车站不得拒绝接收。

（8）办理移交手续时，列车应当编制客运记录和旅客携带物品清单，一式两份：一份由列车存查，一份连同车票、证明材料、相关证人或其联系方式等一并移交。客运记录应载明日期，车次，旅客姓名、性别、年龄、国籍、民族、职业、单位、有效身份证件号码、联系方式、住址，车票种类、号码、发站、到站、车厢、席位，受伤地点、受伤原因、受伤部位、处理简况，以及证据材料清单等内容。

（9）列车发现精神异常旅客时应重点关注，并按规定移交到站或下车站妥善处理。列车运行途中，旅客有同行成年人时，应要求其同行成年人看护；无同行成年人时，应指派专人看护。必要时，可安排在适当位置看护。

（10）车站发现进站乘车的旅客精神异常时，可不予其进站乘车，并为其办理退票手续。

（11）对因违法犯罪造成的旅客人身伤害，应当立即向铁路公安机关报警。

（12）车站、列车发生旅客人身伤害时，可用电话向所在单位或上级主管部门报告概况；但发生重伤以上旅客人身伤害时，应在第一时间以短信方式向所属铁路局集团公司主管部门报告，随后向有关铁路局集团公司主管部门拍发速报，并逐级向上级主管部门和宣传部门报告。

二、列车发生旅客食物中毒事件的应急处置

（1）高速列车发生旅客疑似食物中毒事件时，列车长应立即向司机、铁路局集团公司客运调度、前方车站和所属车队报告（报告内容：日期、车次、时间、运行区段、中毒人数、危重患者人数、死亡人数以及患者车厢分布人数、主要症状表现、可疑食品、采取的措施、现场控制措施等），车队在 2 h 内以电话、传真等方式向所属铁路卫生监督所报告；相关客运段立即向铁路局集团公司调度所、铁路局集团公司客运处、属地铁路卫生监督所和铁路办事处报告。铁路局集团公司调度所根据事件进展情况，协调列车停靠车站等工作。

（2）列车长应通过列车广播寻找医生对患者进行初步救护，确保红十字急救药箱药械正常使用。

（3）列车工作人员应对疑似中毒人员进行登记，安抚旅客情绪，了解患者个人信息、发病经过和饮食饮水情况，做好询问记录。

（4）如不能排除是列车供应食品所致，要立即停止列车食品供应，追回已售出的可疑食品，通知旅客停止食用，封锁现场（呕吐物、排泄物），封存可疑食品、食具用具等，防止事态扩大。

（5）根据患者病情，列车长决定是否在前方车站移交患者，列车调度员应安排高速铁路列车在最近且具备医疗急救（120 或 999）条件的车站停车，并通知停车站做好抢救准备。列车长在指定停车站将中毒旅客及相关资料移交车站和铁路卫生防疫部门。

（6）铁路局集团公司卫生主管部门在接到突发事件信息报告后，立即组织铁路局集团公司属地铁路卫生监督所、疾病预防控制所组成应急处置小分队（必要时协调其他铁路局集团公司铁路卫生防疫部门支援），并在铁路局集团公司调度所指挥下，在最短时间内在指定地点添乘上车，上车后按照职责分工迅速开展监督检查、流行病学调查、标本采集、场所消毒等应急处置工作，填写《食物中毒事故个案调查登记表》和《食物中毒事故调查报告表》等，及时撰写分析报告，提出处理意见，确定责任单位。根据现场情况，铁路局集团公司卫生主管部门及时协调其他铁路局集团公司卫生主管部门，协助开展应急处置工作。

（7）列车工作人员应积极配合现场的地方医疗（120 等急救人员）和铁路卫生监督所、疾病预防控制所工作，必要时列车工作人员陪同就医。

（8）列车乘警应维护好车内秩序，确保区域封锁、旅客隔离、站车移交等工作正常开展，对处置过程中不配合或扰乱秩序的疑似食物中毒旅客和密切接触者采取必要措施。

（9）应急处置小分队调查完毕后，对食品经营场所进行消毒处理。经检验后，属于被污染的食品，予以销毁或监督销毁；未被污染的食品，予以解封。

三、车站发生旅客食物中毒事件的应急处置

（1）车站发生旅客疑似食物中毒事件时，车站应在 2 h 内以电话、传真等方式向所属铁路卫生监督所、车站上级主管部门、铁路局集团公司客运调度和铁路办事处报告。

（2）车站工作人员采取联系 120 或 999 急救中心（或将中毒患者送往附近医院）的方式，迅速组织应急救治工作。

（3）车站工作人员应对疑似中毒人员进行登记，安抚旅客情绪，了解患者个人信息、发病经过和饮食饮水情况，做好询问记录。

（4）如不能排除是车站商铺售卖食品所致，要立即通知相关商铺停止食品经营活动，通知旅客停止食用在车站商铺购买的食品，封锁现场（呕吐物、排泄物），封存可疑食品、食具用具等。

（5）相关铁路卫生监督所、铁路疾病预防控制所立即组成应急处置小分队，按照职责分工开展监督检查、流行病学调查、标本采集、场所消毒等应急处置工作，填写《食物中毒事故个案调查登记表》和《食物中毒事故调查报告表》等，及时撰写分析报告，提出处理意见，确定责任单位。

（6）车站工作人员应积极配合现场的医疗单位和铁路卫生监督所、铁路疾病预防控制所的工作。

（7）车站公安人员应维护好站内秩序，确保区域封锁、旅客隔离、移交等工作正常开展，对处置过程中不配合或扰乱秩序的疑似食物中毒旅客和密切接触者采取必要措施。

（8）应急处置小分队调查完毕后，对餐吧、旅客所在席位等进行消毒处理。经检验后，属于被污染的食品，予以销毁或监督销毁；未被污染的食品，予以解封。

四、列车发生重大疫情的应急处置

（1）高速列车发现甲类等重大疫情病例或接到动车组列车上有疑似病例的通知时，列车长应立即向司机、铁路局集团公司客运调度、前方车站和所属车队报告（报告内容包括日期、车次、时间、运行地点以及患者主要症状、所在车厢顺号、旅客到站和密切接触人员简况等）。相关客运段在 2 h 内以电话、传真等方式向所属铁路卫生监督所、铁路局集团公司调度所、铁路局集团公司客运处报告。铁路局集团公司调度所根据事件进展情况，协调列车停靠车站等工作。

（2）列车调度员根据国铁集团或铁路局集团公司有关部门确定的处置方案，安排动车组在指定车站停车。列车长接到司机在指定站停车的通知后，做好铁路卫生防疫人员上车和疑似病例移交车站等相关准备工作，相关车站及铁路卫生防疫部门做好接车紧急处置准备。

（3）铁路局集团公司卫生主管部门及属地铁路疾病预防控制所接到报告后，根据国铁集团或铁路局集团公司有关部门确定的处置方案，立即通过电话或委派专业人员尽快赶到现场，指导协调应急处置工作。同时通知前方车站联系地方卫生防疫和医疗部门支援。停车后，疑似病例交由到达车站的地方卫生防疫部门按照规定处理。

（4）列车长应将病人或疑似病人隔离，并要求其佩戴口罩；组织控制病人所在车厢旅客的流动，必要时封锁该车厢端门；组织对密切接触者进行登记，内容包括姓名、性别、年龄、身份证号码、联系方式等；封锁已经污染或可能污染的区域，同时做好病人或疑似病人和密切接触者移交车站准备，原则上密切接触者到目的站移交。

（5）列车长在指定车站将病人、疑似病人、密切接触者和其他需要跟踪观察的旅客及相关资料移交车站和卫生防疫部门。

（6）列车乘警应维护好车内秩序，确保区域封锁、旅客隔离、站车移交等工作正常开展，对处置过程中不配合或扰乱秩序的患传染病旅客、疑似患传染病旅客和密切接触者采取必要措施。

（7）列车长根据病种情况，采取列车通风等措施进行处理；对病人污染的车厢、隔离场所和可能污染的范围进行消毒。列车到达目的地后，由属地铁路疾病预防控制所组织力量对列车车底进行终末消毒。铁路卫生防疫部门确认处置完毕后，方可解除区域封锁。

（8）列车工作人员应积极配合属地铁路疾病预防控制所和地方卫生防疫及医疗单位的工作。

（9）对密切接触病人的乘务人员和相关旅客，由地方疾病预防控制部门负责下达医学观察通知，一旦发现疑似症状，立即到医院隔离治疗。

五、车站发生重大疫情的应急处置

（1）车站发现甲类等重大疫情病例或接到有疑似病例乘车的通知时（及时掌握进

出境旅客突发公共卫生信息），应在 2 h 内以电话、传真等方式向铁路局集团公司客运调度、铁路局集团公司客运处、属地铁路疾病预防控制所和铁路办事处报告。

（2）车站应隔离病人、疑似病人和密切接触者，紧急疏散其他旅客，并对密切接触者进行登记，登记的主要内容包括姓名、性别、年龄、证件号码、联系方式等。

（3）铁路局集团公司卫生主管部门在接到突发事件信息报告后，立即组织属地铁路疾病预防控制所组成应急处置小分队，快速到达现场开展应急处置工作。

（4）车站应封锁已经污染或可能污染的区域，由铁路疾病预防控制所对该区域进行消毒，车站工作人员应积极配合现场的铁路及地方卫生防疫部门和医疗单位的工作。

（5）车站采取联系 120 或 999 急救中心等方式，将病人、疑似病人和密切接触者以及其他需要跟踪观察的旅客及资料移交医疗机构和铁路疾病预防控制所。铁路疾病预防控制所确认处置完毕后，方可解除区域封锁。

（6）车站公安人员应维护好车内秩序，确保区域封锁、旅客隔离、站车移交等工作正常开展，对处置过程中不配合或扰乱秩序的疑似患传染病旅客和密切接触者采取必要措施。

（7）对密切接触病人的乘务人员和相关旅客，由地方疾病预防控制部门按规定下达医学观察通知，一旦发现疑似症状，立即送医院隔离治疗。

六、医疗费用及赔付处理

医疗费用应根据实际产生或后续治疗需要，凭治疗医院的单据或建议核定。旅客需转院治疗时，应与处理单位协商一致，并经治疗医院同意。

残疾赔偿金应根据有关鉴定机构出具的旅客人体损伤残疾程度鉴定意见，或者根据旅客受伤程度，比照有关人体损伤残疾程度鉴定标准所对应的残疾等级，按照有关标准计算。

办理赔付时，编制“铁路旅客人身伤害及携带品损失最终处理协议书”（见表 5－1－1），经各方确认、签字或加盖处理单位公章后，将赔偿金依据法定顺位支付给旅客或其继承人、代理人，旅客或其继承人、代理人出具收据交处理单位。

（1）根据责任确定情况，处理旅客人身伤害所发生的赔偿金及其他费用，由责任单位承担；无法确定责任单位的，由发生单位承担。铁路旅客人身伤害及携带品损失赔付通知书见表 5－1－2。

（2）需向责任单位或发生单位转账时，由处理单位所属铁路局集团公司财务部门开具“转账通知书”，连同“铁路旅客人身伤害及携带品损失最终处理协议书”转送责任单位或发生单位所属铁路局集团公司财务部门。

责任单位或发生单位所属铁路局集团公司财务部门应当在收到“转账通知书”等材料次日起 30 日内将费用转拨至处理单位所属铁路局集团公司；超过 30 日的，每超过 1 日，按应付费用的 0.5% 支付滞纳金。

（3）旅客人身伤害是旅客自身原因或第三方造成时，铁路运输企业在垫付相关费用后，可向旅客或第三方追偿。

表 5－1－1　铁路旅客人身伤害及携带品损失最终处理协议书

NO. ________

一、旅客基本情况：

姓名：________身份证件号码：________

性别：________　年龄：________　职业：________　电话：________

住址：________

二、车票情况：

号码：________　日期：________

车次：________　发站：________　到站：________　席位：________

三、发生情况：

日期、时间、车次：________

地点、车站、区间：________

四、旅客人身伤害及携带品损失发生经过、救治及善后处理简要情况：

____

五、处理意见：

____

____

六、协议人签字：

旅客签字：________　处理单位（章）

代理人签字：________

身份证件号码：________

联系电话：________

日　期：____年____月____日　____年____月____日

第三人签字：________

代理人签字：________

身份证件号码：________

联系电话：________

日　期：____年____月____日

发生（责任）单位代理人签字：________

职务：________

联系电话：________

日　期：____年____月____日

____

注：本协议由处理单位填写，一式五份：一份报铁路局集团公司主管部门，一份转铁路局集团公司财务部门，处理单位、责任（发生）单位、旅客或家属各一份。

表 5-1-2　铁路旅客人身伤害及携带品损失赔付通知书

NO. ________________ ________________旅客： 对______年______月______日所发生的旅客人身伤害（携带品损失），依据有关法律规定，经当事各方共同协商同意，赔付旅客共计人民币__________元（大写__________）。请您携带本通知和本人有效身份证件，于 30 日内到我站领取。如继承人、代理人领取时，请携带领取人有效身份证件以及与旅客的身份关系证明或授权委托书（以上证件或证明均需原件）。 特此通知。 处理单位（章） ________年______月______日
联系人：____________　电话：____________　单位地址：________________

注：本协议由处理单位填写，一式五份：一份报铁路局集团公司主管部门，一份转铁路局集团公司财务部门，处理单位、责任（发生）单位、旅客或家属各一份。

七、铁路旅客乘意险

1. 铁路乘意险的定义

铁路乘意险是指由中国铁路财产保险自保有限公司（以下简称铁路自保公司）经中国银保监会核准经营的，保障旅客在保险期间内持有效乘车凭证合法乘坐境内旅客列车遭受意外伤害致使旅客本人身故、伤残或治疗的，铁路自保公司按照约定给付保险金的一种保险产品。

2. 铁路乘意险的特点

1）购买渠道

旅客可通过 12306 网站或铁路 12306 手机客户端、车站人工售票窗口、自助售/取票机等渠道购买铁路乘意险。

2）购买费用

成人保费 3 元（未成年人保费 1 元），可获得保险期间内的人身意外保险保障。

3）保障额度

成年人最高保障 50 万元意外身故、伤残保险金和 5 万元意外医疗费用（0 元免赔，100% 给付）、15 万元急性病身故保额、150 元/日意外伤害住院津贴保险（累计以 180 日为限）。未成年人最高保障 20 万元意外身故、伤残保险金和 2 万元意外医疗费用（0

元免赔，100%给付）、5万元急性病身故保额、50元/日意外伤害住院津贴保险（累计以180日为限）。

4）保障范围

铁路乘意险将保险责任扩展到旅客自持有效乘车凭证通过实名制验证或检票进站起，至旅客到达所持乘车凭证载明的到站检票出站时止，即由“车上”扩展到“车上和站内”。但不包括中途下车出站至重新进站的期间。

5）网站购买优惠

在12306网站购买铁路乘意险的成人父母，其免费携带的一名身高不足1.2 m且不满10周岁的乘车子女（经二代居民身份证信息核验）可免费领取一份铁路乘意险。

6）出险报案

保险事故发生后，可直接向列车或车站现场铁路客运工作人员报案。

3. 铁路乘意险保险期间

铁路乘意险制定行程产品的保险期间为被保险人按保险单载明的乘车日期、列车车次和发到站，持有效乘车凭证合法乘坐境内列车期间。

乘坐境内列车期间是指被保险人持有效乘车凭证通过实名制验证或检票进站时起，至被保险人检票出站时止，但不包括被保险人中途下车出站至重新进站期间和被保险人所乘列车在境外运行期间。

4. 旅客购买乘意险的规定

1）铁路乘意险自愿投保，旅客在12306网站投保时需单击“购买乘意险，已阅读并同意《保险条款》和《投保须知》”；旅客在车站售票窗口投保时需使用投保确认器进行确认。

2）铁路乘意险实行实名制投保，投保时应准确提供被保险人（乘车人）的有效身份证件信息。有效身份证件包括：中华人民共和国二代居民身份证、港澳居民来往内地通行证、台湾居民来往大陆通行证、按规定可使用的有效护照等。

5. 案件处理流程

1）报案

为使被保险人得到方便、快捷的服务，铁路乘意险采用现场报案的形式。被保险人出险后，及时向列车、车站现场客运工作人员寻求帮助，现场客运工作人员编制客运记录。铁路保险公司根据客运记录视同现场报案。

2）现场处理

（1）列车。列车发生旅客意外伤害事故，列车工作人员应主动询问旅客是否投保铁路乘意险。对于已投保的，应在客运记录右上角标注（12306网络购票可记录订单号或电子保单查询号）。

（2）车站。车站对本站发生及列车移交的出险旅客，应通过客票系统确认旅客是否投保铁路乘意险。对于车站发生且已投保的，车站应编制客运记录，告知被保险人理赔流程及需要准备的相关索赔资料。

客运记录中增加铁路乘意险保单号码（至少后六位）。

告知内容：提示受伤旅客先行治疗，待治疗结束后根据申请赔偿金项目不同备齐索赔资料，联系站段客伤处理人员，提交索赔资料，等待领取理赔款。

6. 处理铁路乘意险案件赔偿

处理铁路乘意险案件应按照铁路自保公司的规定，以“先保险后客伤”的原则进行赔偿。

（1）仅申请医疗费用赔偿的。处理站段应会同乘意险专员确定赔偿金额后，先行赔偿被保险人。铁路自保公司根据审定金额定期向铁路局集团公司清算。

（2）仅申请伤残或死亡赔偿的。处理站段应会同乘意险专员确定赔偿金额后，由铁路自保公司直接向被保险人给付赔偿金。乘意险专员应及时向处理站段反馈赔偿处理结果。

（3）既申请医疗费用又申请伤残或死亡赔偿的。按申请伤残或死亡赔偿处理。

7. 医疗费用发票留存形式

医疗费用发票留存有两种形式：一是铁路自保公司赔偿全部医疗费用的，相关发票交乘意险专员转铁路自保公司留存；二是铁路自保公司涉及部分赔偿的，应将相关发票进行复印，复印件注明已赔金额并加盖财务专用章，交乘意险专员转铁路自保公司留存。

【案例5－1－1】旅客突发疾病上报信息模板

×年×月×日，××次列车××区间，旅客（姓名、性别、身份证号码），持××站至××站软/硬座/卧×车×号座/铺车票（票号：×××××），同行人（姓名、性别、身份证号、车票票面信息，没有同行人可不填）。

患病状况：如旅客突然感到剧烈腹痛。列车长、乘警、列车红十字救护员第一时间到现场进行救助，并通过广播寻找具有行医资格的医务工作者进行救助（医务工作者身份信息、票面信息、电话号码、身份证号码）。全过程已留有视频资料（红十字救护员应佩戴救护员标志），已采集两份旅客证言。在征求生病旅客或同行人意见后，同意在××车站下车治疗，并编制客运记录（注明号码）。如旅客需要120急救或需要三等以上有救助条件的车站临时停车时，可与××客运调度取得联系与××车站办理交接（其他情况不需要联系客运调度）；如旅客不同意可由本人或同行人在客运记录上签字留存，重新编制客运记录，在旅客实际下车站与车站办理交接。编制客运记录时，询问旅客是否已购买乘意险并在客运记录上注明，如无乘意险则告知旅客费用自理。

【案例5－1－2】旅客受伤上报信息模板

×年×月×日，××次列车××区间，旅客（姓名、性别、身份证号码），持××站至××站软/硬座/卧×车×号座/铺车票（票号：×××××），同行人（姓名、性别、身份证号、车票票面信息，没有同行人可不填）。

注：上报时禁止使用“因……原因”造成旅客伤或“不慎”字样。如“因列车晃动不慎将旅客手指夹伤”。

事情经过：列车长、乘警、列车红十字救护员第一时间到现场进行救助，并通过广播寻找具有行医资格的医务工作者进行救助（医务工作者身份信息、票面信息、电话号码、身份证号码）。全过程已留有视频资料（红十字救护员应佩戴救护员标志，现场取证时静态提示标志必须显现），已采集两份旅客证言。在征求受伤旅客或同行人意见后，同意在××车站下车治疗，并编制客运记录（注明号码）。如旅客需要120急救或需要三等以上有救助条件的车站临时停车时，可与××客运调度取得联系与××车站办理交接（其他情况不需要联系客运调度）；如旅客不同意可由本人或同行人在客运记录上签字留存，重新编制客运记录，在旅客实际下车站与车站办理交接。编制客运记录时，询问旅客是否已购买乘意险并在客运记录上注明，如无乘意险则告知旅客费用自理。

主送：处理站（如是旅客上车时在站台产生的旅客伤，拍发电报时直接主送旅客上车站）。

抄送：相关局、段。

【案例5－1－3】高速铁路动车组列车旅客突发伤害（疾病）应急处置

1. 立即报告

×月×日，G××次列车运行在××站至××站间，3车旅客找到3~4车列车员，说腰部疼痛难忍。

3~4车列车员：列车长，3车有名旅客腰部疼痛难忍。

列车长：收到。G××次乘警，3车有名旅客突发疾病，腰部疼痛难忍，随我一同到达现场。

乘警：收到。

2. 调查取证

列车长对讲机通知列车员：5~6车列车员，立即将红十字救护药箱拿到3车。3~4车列车员，广播寻找医务工作者。

3~4车列车员广播：女士们、先生们，本次列车有人患病，请医务工作者到3号车厢与列车工作人员联系，我代表患病旅客向您表示感谢。

列车长掌握患病旅客的基本情况，使用移动终端进行录像取证。

医务工作者与列车红十字救护员共同对旅客实施救治。

列车长：3~4车列车员，维护好车厢秩序，确保救治现场空气流通。

列车员：明白。

经医务工作者与红十字救护员救治，旅客病情未好转。

3. 妥善处理

列车长询问旅客是否需要前方停车站联系120救治，旅客同意。

列车长通知××站：G××次3车一名旅客突发疾病，腰部疼痛难忍，需要联系120进行救治，旅客无同行人，请在3~4车连接处3车车门处办理交接。

××站：收到。

列车长向高速铁路客服调度、客运段指挥中心报告：我是G××次列车长，3车一名旅客突发疾病，腰部疼痛难忍，经医务工作者与红十字救护员救治，旅客病情未好转，已通知××站联系120进行救治，旅客无同行人。

高速铁路客服调度（客运段指挥中心）：办理好交接工作，随时观察旅客病情。

列车长：收到。

列车到达××站后，车站值班员在客运记录上签字确认。

4. 反馈信息

列车长办理完交接后，列车开车。列车长向高速铁路客服调度、客运段指挥中心报告：我是G××次列车长，3车有一名旅客突发疾病。与××站办理交接后，120救护车将旅客接走进行救治，列车正点开车，秩序良好。

列车长了解旅客的后续病情后，向段管控中心报告。

【案例5-1-4】列车编制客运记录

1月1日，旅客持G213次天津西站至济南西站车票乘车，携带黑色挎包一个。沧州西站开车后，旅客突发急病，列车广播寻找医生，在车内进行紧急救治。因列车条件有限，需下车治疗，列车长编制客运记录交前方停车站德州东站治疗。

北 京 铁 路 局　　　　客统—1

客 运 记 录

德州东站（K　）0001　　　　第K0001号

记录事由：旅客突发疾病

××年1月1日，天津西至上海虹桥G213次列车，旅客××持天津西站至济南西站车票（身份证号：110102××××××××××××，车票票号A123456）。沧州西站至德州东站区间，旅客在车内突发疾病，列车已进行简单救助，由于车内治疗条件有限，医护人员建议下车治疗。现移交贵站，请按章办理。

附：旅客旁证材料贰份，医护人员救治证明壹份。

旅客携带品：黑色挎包壹个。

编制人员：G213次列车长（印）

注：

1. 站、车需要编记录时均适用。

2. 本记录不能作为乘车凭证。

××年1月1日编制

【案例 5-1-5】车站编制客运记录

北 京 铁 路 局　　　　客统—1

客 运 记 录

站（K　）0001　　　　第 K0001 号

记录事由：因病退票

售票处：

××年 4 月 26 日 17 点 10 分，旅客李明一行三人，持××年 4 月 26 日 C2236 次天津站至武清站车票。检票后，因李明突发疾病不能继续旅行，现要求办理退票业务，请按章办理。

附：旅客身份及车票信息

姓名：李明　证件号：12010519820817××××　票号：E036416

姓名：张明　证件号：12010519850612××××　票号：E036417

姓名：王明　证件号：12010519890516××××　票号：E036418

注：

1. 站、车需要编记录时均适用。

2. 本记录不能作为乘车凭证。

编制人员：张　华（印）

××年 4 月 26 日编制

八、个人防护

（一）呼吸道传染性疾病相互传播方式

呼吸道传染性疾病主要通过三种方式相互传播。

（1）直接传播。病人打喷嚏、咳嗽、说话时的飞沫，乃至呼出的气体中，都带有病毒，近距离接触直接吸入可以导致感染。

（2）气溶胶传播。病人打喷嚏、咳嗽、说话时的飞沫飘浮在空气中，大的颗粒会沉积下去，而直径小于 2. 5 pm 的颗粒就会混合在空气中，形成气溶胶，被吸入后可导致感染。

(3) 接触传播。病人打喷嚏、咳嗽、说话时的飞沫，虽然开始是播撒在空气中，但最终会沉积在地面、桌椅、门把手等日常用品上面。病人的口水、痰液、唾液等分泌物，以及沾染上各类分泌物的手触摸的日常用品，都会把病毒传播出去。

（二）手消毒的方法

用0.3%～0.5%的碘伏消毒液或快速手消毒剂（异丙醇类、氯己定、新洁尔灭、75%酒精等消毒剂）揉搓作用1～3 min。

手消毒的步骤如图5－1－1所示。

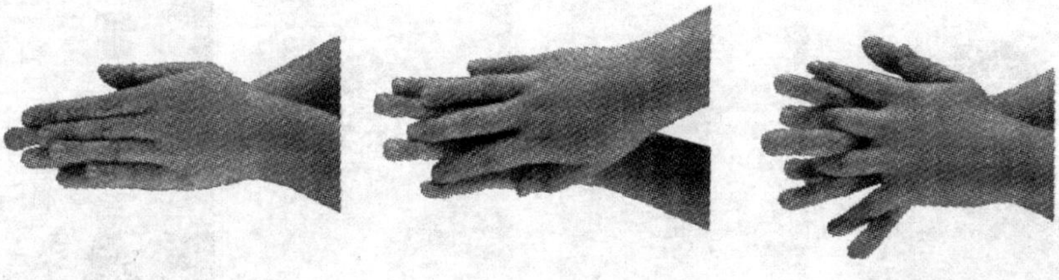

(a) 第一步：清洁掌心　(b) 第二步：清洁手背　(c) 第三步：清洁指缝

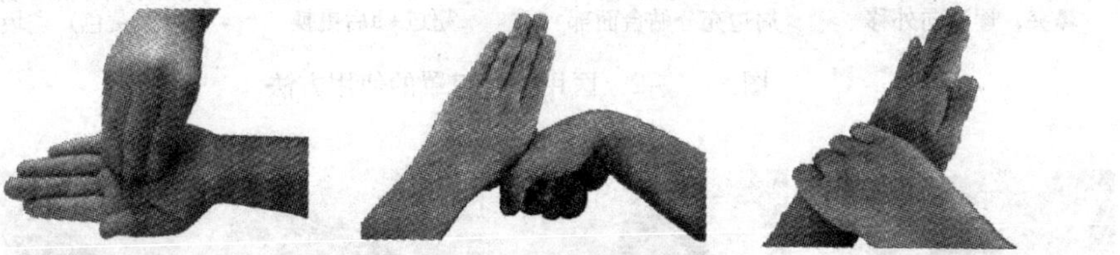

(d) 第四步：清洁指尖　(e) 第五步：清洁拇指　(f) 第六步：清洁手腕

图5－1－1　手消毒的步骤

（三）口罩的使用方法

1. 医用外科口罩

医用外科口罩有三层，从外到内分别是防水层、过滤层、舒适层。舒适层是一层无纺布，佩戴时白色的无纺布朝内，蓝色的防水层朝外，有金属片的一边朝上，注意不要戴反。橡皮筋挂上双耳后捏紧金属片和鼻子贴合，抚平两颊，使口罩和面部之间尽量不留缝隙。

医用外科口罩的使用方法如图5－1－2所示。

2. 医用防护口罩

常用的医用防护口罩（KN95口罩）实际上分为两种：一种是防生物口罩（蓝绿色），型号1860或9132；另一种是防尘口罩（白色），型号8210。在购买时应选择防生物的医用防护口罩。

医用防护口罩（KN95口罩）的使用方法如图5－1－3所示。

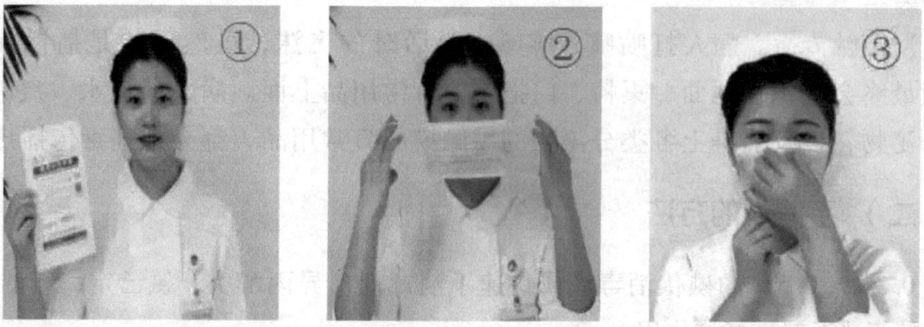

(a) 检查口罩有效期及外包装　(b) 鼻夹侧朝上，一般深色面朝外或褶皱朝下　(c) 上下拉开褶皱，使口罩覆盖口、鼻、下颌

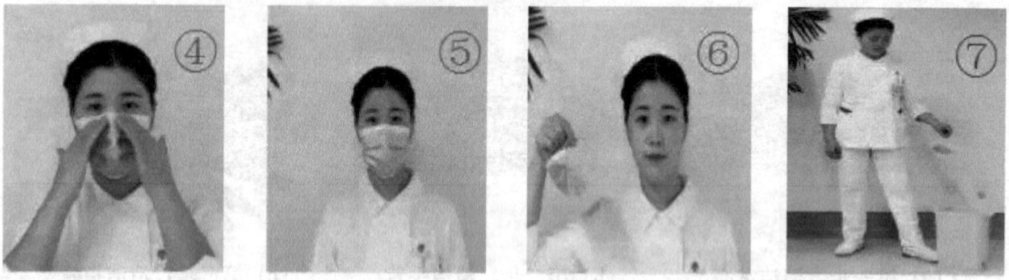

(d) 双手指尖向内触压鼻夹，逐渐向外移　(e) 适当调整面罩，使周边充分贴合面部　(f) 口罩污染时或使用超过4 h后更换　(g) 手拎系带，弃于医疗（黄色）垃圾桶

图 5-1-2　医用外科口罩的使用方法

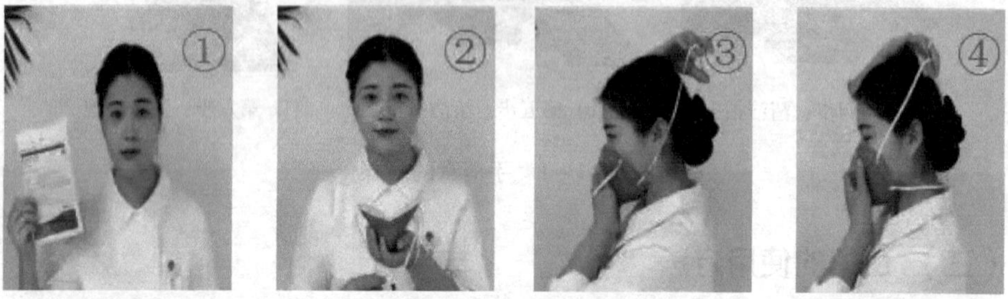

(a) 检查口罩有效期及外包装　(b) 手持口罩扣于面部，凸面朝外，鼻夹侧朝上　(c) 先套下系带　(d) 再套上系带

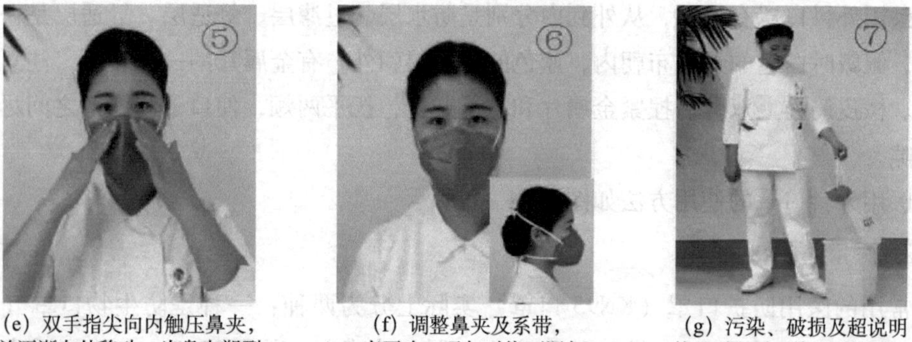

(e) 双手指尖向内触压鼻夹，并逐渐向外移动，为鼻夹塑型　(f) 调整鼻夹及系带，直至吹、吸气时均不漏气　(g) 污染、破损及超说明使用时限时更换，手拎系带弃于医疗(黄色)垃圾桶

图 5-1-3　医用防护口罩（KN95 口罩）的使用方法

（四）个人防护

（1）接触患者时，应佩戴医用一次性乳胶手套或橡胶手套。脱掉手套后，必须立即洗手或对手部进行消毒。

（2）直接接触传染疾病患者时应穿防护服，佩戴防护眼镜。

任务训练

实训项目	高速铁路旅客意外伤害应急处置训练
实训目标	1. 结合实际，加深对高速铁路旅客意外伤害应急处置的认识与理解 2. 培养对高速铁路旅客意外伤害应急处置的学习兴趣
实训内容及组织	由教师组织，学生自愿组成小组，每组6~8人，选择以下题目进行高速铁路旅客意外伤害应急处置训练 1. 车站发生旅客食物中毒事件应急处置训练 2. 列车发生旅客食物中毒事件应急处置训练 3. 车站发生重大疫情应急处置训练 4. 列车发生重大疫情应急处置训练
实训考核	1. 每组提交一份实训报告 2. 各组进行汇报 3. 教师根据各组的实训报告与课堂汇报进行评估

任务二

旅客常见急症应急处置

能力目标

掌握旅客常见急症的应急处置方法。

知识目标

能正确处理旅客常见急症。

相关知识

一、鼻出血处理

鼻出血通常由鼻腔、鼻窦或鼻咽部的血管破裂而致，可以在不同时间和季节发生。小量的鼻出血为鼻涕中带血或点状滴血，这种情况大都可自行停止，不用医治就会痊愈。大量的鼻出血通常呈流水状，不容易控制，严重者可引起失血性休克。

鼻出血的常见原因有创伤、鼻腔病变等。它可为许多疾病的前兆，也可本身单独成病。鼻出血多为单侧，出血部位常在鼻中隔前下方易出血区，中年人及老年人出血部位常在下鼻甲后缘。双侧出血多见于全身病变。

（1）救护者首先自己要镇定，同时安慰患者，帮助患者减轻恐惧、紧张的情绪。

（2）让患者用嘴呼吸，但要注意不要将血咽下。如果鼻腔内有血凝块，使劲呼气将其排出，然后进行止血，前额部进行冷敷。

（3）可用指压止血和鼻腔填塞止血的方法。出血不严重或临时止血时，可首先用拇指和食指捏住双侧鼻翼向中隔方向加压，用口呼吸。鼻腔填塞止血是将卷紧的纱布或棉花条塞入患者的鼻孔，并用食指和拇指紧紧捏住两侧鼻翼，以压迫止血。需注意纱布、棉花条要露出少许，以便医生取出。

（4）将患者送到就近医院进行诊治。重症者应取半卧位或坐位，保持呼吸道通畅。治疗原发病，应用止血药物。如果病情危重，请专业医生使用鼻内镜仔细查找出血点，予以烧灼治疗止血或局部定位填塞。

（5）鼻出血后，不要头部后仰或躺卧。因为头部后仰或躺卧后，表面上血不再从鼻孔流出，实际上血从鼻腔后部经咽喉流入胃内，并未起到止血的作用。这样做无法判断出血量，还可能会使患者发生失血性休克，延误救治。另外，大量血液进入胃里，可引起恶心、呕吐等症状，加重鼻出血，也易误诊为消化道出血。所以，如果患者没有休克表现，就应让患者坐下或半躺，头部保持直立。

（6）如果是血液病、高血压等引起的鼻出血，可危及生命。送医途中，要让患者侧卧，用嘴呼吸，进行指压止血，止不住时再用鼻腔填塞止血。

二、梅尼埃病处理

梅尼埃病俗称美尼尔病，是由于内耳迷路功能失调所致。梅尼埃病的发病部位在内耳的膜迷路内。当膜迷路内有液体淤积时，内耳压力增高，使得内耳的壁膜扭曲变形，甚至发生破裂，导致耳鸣、耳聋、眩晕等。突然发作时，患者睁眼会感到周围的物体猛烈旋转，闭眼会减轻；神志清醒，多伴有耳鸣、耳聋、呕吐、恶心、出冷汗、血压下降等。发作持续时间一般为几分钟，长则数小时。

（1）将患者扶到光线较暗的房间静卧，帮助患者消除思想顾虑。

（2）给患者吃一些高蛋白、高维生素、低脂肪、低盐的饮食，禁饮酒、咖啡、浓茶，禁止吸烟。

(3) 给患者服用一些镇静药，常用茶苯海明等，大部分患者症状可自行缓解，严重者可送附近医院诊治。

(4) 发作期间尽量少走动，避免因头昏摔倒而造成外伤。

(5) 梅尼埃病发作前，多以耳鸣加重为先兆，且耳鸣会随病情加重而逐渐增强，让人难以忍受。感觉不舒服时应及时到医院请专业医生帮助治疗。

三、晕厥

晕厥又称为昏厥、晕倒，是指大脑一时缺血、缺氧引起的短暂意识丧失，常表现为头晕、恶心、眼前发黑、身体软弱无力、面色苍白、四肢发凉、脉搏细而弱、出汗。此病与体位、情绪、疼痛、过劳、手术有关。最多见为血管抑制性晕厥，其次为直立性低血压性晕厥、低血糖性晕厥、排尿性晕厥和颈动脉窦性晕厥等。

(1) 将晕厥者平卧，头部放低位或抬高下肢。可以给患者喝一些热糖水或淡盐水。

(2) 保持室内空气清新，及时解开患者的衣领、腰带，保持患者呼吸道的通畅。同时，可按压患者的人中、内关、百会及涌泉等穴位。

(3) 发现患者心搏骤停时，立即进行心肺复苏，同时叫救护车送医院诊治。

(4) 晕厥常常在无准备的情况下发生，感觉头重脚轻时最好蹲下，避免突然倒下造成外伤。如为低血糖应及时静脉推注葡萄糖液。

四、休克

休克是指心源性、感染性、低血容量性或过敏性因素使循环血量急剧减少或血管收缩障碍，导致血液对人体重要器官组织灌注不足的一种循环衰竭状态。休克发生时可表现为皮肤苍白、肢体湿冷、出大汗、脉搏细弱难以找到、呼吸急促、意识模糊、嗜睡，甚至很快进入昏迷状态等。感染、失血、脱水、过敏、心脏病、创伤等是发生休克的病因。

(1) 迅速判断休克原因，对因处置。

(2) 松开患者衣扣，让患者平卧，头后仰并偏向一侧，保持呼吸道通畅，防止吸入呕吐物。有条件的应马上吸氧。

(3) 不随意搬动或打扰患者，头部受伤、呼吸困难的患者可稍微抬高床头，心源性休克伴心力衰竭的患者可取半卧位。一般情况可稍抬高下肢，以利于血液回流心脏。

(4) 对出血引起的休克，必须马上止血。

(5) 给低体温者保暖、高热者降温。

(6) 紧急呼叫救护车，送就近医院诊治。

(7) 休克患者转运时要在患者症状基本缓解、血压范围相对安全、无心律失常、无呼吸困难、可平卧或半卧位的情况下进行。确保患者呼吸道通畅，确保静脉通道通畅，且要持续进行心电监护，并配有心脏复苏设备。

五、猝死

猝死指平素身体健康或病情稳定，始料不及地因病突然死亡。世界卫生组织将急性症状发生后6 h内死亡者定义为猝死。猝死患者常有心脏疾病，常在心肌梗死、情绪激动或过度运动时发生。主要表现为意识突然丧失，常出现短时间的抽搐、心音渐无、心搏骤停、大动脉搏动消失、呼吸断续或停止。

（1）首先要迅速判断患者的意识、呼吸及循环体征等。

（2）发现患者倒地且心搏、呼吸骤停时，要立即对患者进行心前区叩击一次，叩击部位与胸外按压部位相同。迅速实施心肺复苏。

（3）以最快速度呼叫救护车，请专业人员进行诊治。

（4）等待专业医生救治时，要持续心肺复苏；在送医急救的过程中，仍要持续心肺复苏，进行不间断的救护。

六、癫痫

癫痫又称羊痛风、抽风等，是一种因大脑神经元突发性异常放电引起的暂时性脑功能紊乱的慢性疾病。癫痫不发作时较为正常，发作时的意识丧失可能造成意外伤害，若癫痫处于持续状态可危及生命。

患者发作时，会突然神志丧失，发出“羊羔”般的叫声并摔倒在地，眼球固定或向上翻，瞳孔扩大，身体僵直，头后仰，肢体强直，全身肌肉有节律性地抽动。口吐白沫，常会咬破舌头，可伴有大小便失禁，可出现呼吸暂停，脸色发青或发紫，甚至窒息而亡。

（1）患者发作时，要快速扶持，让其顺势躺下，以防患者突然倒地造成头部损伤。

（2）若患者倒地已处于俯卧位，口鼻着地，要迅速帮助患者改变体位，以防窒息。

（3）保持患者呼吸道通畅，同时将其头侧向一方，便于分泌物自然流出。及时清理呕吐物。

（4）患者张口时，将一块小毛巾或手绢折成条状塞入患者牙齿之间，避免患者咬伤舌头。

（5）癫痫患者抽搐不止或发作后昏睡不醒时，应立即拨打急救电话，送就近医院诊治。

（6）因发病急，在毫无准备的情况下癫痫患者会不由自主跌倒，极易造成外伤、交通事故、淹溺等意外伤害，需要立即采取措施。

七、心绞痛

心绞痛是因供应心脏血液和营养的冠状动脉发生急剧的、暂时的缺血与缺氧，引起心脏细胞功能异常的临床综合征。发作时，患者胸骨后压榨性疼痛或闷痛，可伴有胃痛、牙痛、左肩、左上肢内侧疼痛等，常发生在劳动、寒冷环境或者情绪激动时，持续时间 1 ~5 min，很少超过 10 min。相关症状包括呼吸困难、恶心、头晕、心慌、伴有濒死感觉等。

（1）要帮助患者保持平静，情绪烦躁、焦虑会加重心肌缺氧，加剧心肌缺血，此时安抚患者最为重要。

（2）限制患者活动，解开患者的衣领和腰带。让患者坐下，平卧者应改为倾斜 30°角半卧位，减少回心血量，以减轻心肌耗氧负荷。

（3）立即舌下含硝酸甘油 1 片，5 min 后观察结果。若症状没有改善，再服 1 片。医生到来之前最多服用 3 片。

（4）有条件者可给患者吸氧，以增加心肌细胞的供氧。尽早叫急救车。如果出现心搏骤停，立即实施心肺复苏。

（5）若现场无解救药，可以指掐内关穴（前臂掌侧横纹上两寸，掌长肌腱与桡侧腕屈肌腱之间），或压迫手臂酸痛部位，也可起到急救作用。心绞痛持续不缓解时，可能发生心肌梗死，须尽早请专业医生进行诊治。

八、心肌梗死

最先出现疼痛的部位、症状和性质与心绞痛类似，但心肌梗死比心绞痛持续的时间长，程度严重，并会出现急性循环功能障碍。心肌梗死的患者持续性胸痛在 15 min 以上，有强烈的压榨性疼痛或压迫、烧灼感。患者服硝酸甘油片不能缓解胸痛。严重者可发生休克、心力衰竭、心律失常、心搏骤停，甚至猝死。一些患者疼痛的性质及部位不典型，如位于上腹部，常被误认为胃溃疡穿孔或急性胰腺炎等急腹症。位于下颌或颈部，常被误认为牙病或骨关节病。部分患者无疼痛，多为糖尿病患者或老年人，一开始即表现为休克和急性心力衰竭，少数患者在整个病程中都无疼痛或其他症状。

（1）帮助患者立即停止活动或运动，卧床休息。含服硝酸甘油片，5 min 后可重复。不要超过 3 片。

（2）使患者处于胸痛最轻的体位。吸氧，以缓解心肌缺血及症状。

（3）若出现心搏、呼吸骤停，立即实施心肺复苏。

（4）以最快速度叫急救车，送就近医院诊治。

（5）注意患者有血压突然下降的过程，避免摔伤。

九、冠心病

冠心病是冠状动脉病变引发的心脏疾病。冠心病急症又称为急性冠脉综合征，如心绞痛、心肌梗死等。

猝死与冠心病密切相关。由心脏原因导致的猝死为心源性猝死。据相关研究与统计，心源性猝死占猝死总数的 75%，病后 1 h 内死亡者多为心源性猝死。冠心病导致猝死占心源性猝死的 90% 以上。

（1）发病时，应立即停止活动，就地休息并舌下含服硝酸甘油片，几分钟后病情仍不见好转，则要考虑心肌梗死的可能。此时硝酸甘油片可增至3～5 min 1次，最多3次，或口服冠心苏合丸。一些针对冠心病急性发作的喷雾制剂（如硝酸异山梨酯气雾剂）也可在短时间内起效。

（2）发现患者烦躁不安，可让其口服1片地西泮（安定），也可指掐或针刺内关等穴位。

（3）应迅速呼叫急救人员，进行紧急救助。

（4）尽量不要搬动患者，让患者平卧，吸氧。如果突然心搏骤停，马上进行心肺复苏。

（5）半卧位为患者含服硝酸甘油片的正确体位。硝酸甘油片性质不稳定，应保存在棕色小瓶中，避光、防潮、防热。要注意药片的有效期，一般每1～2个月更换1次。收缩压小于90 mmHg、基础血压下降大于或等于30 mmHg，以及右心室梗死患者，禁止服用硝酸甘油。

十、脑卒中

脑卒中，又称脑中风或脑血管意外，是一组以脑部缺血及出血性损伤症状为主要临床表现的疾病。该病起病急，病死和病残率高，是老年人三大死因之一。脑卒中多发于40岁以上原有动脉粥样硬化、高血压病、脑血管畸形、心脏病的患者。主要分为出血性脑卒中和缺血性脑卒中两大类，以脑梗死最常见。

诱发脑卒中的发病因素有环境与气候、精神刺激、运动和劳累、不良生活习惯等。识别脑卒中通常根据患者的先兆症状和典型表现来判定，如剧烈头痛、呕吐、偏瘫、失语、意识障碍及大小便失禁等。

（1）避免搬动及晃动患者，尽量不让患者倒下。如果发病急倒地，不要生硬扶患者站起。

（2）解开患者衣领，头抬高30°躺下，有条件的给予吸氧。

（3）如果患者昏迷，应保持呼吸道畅通。如果有义齿等口腔异物应将其取出，随时清理患者的呕吐物。

（4）呼吸、心搏骤停者立即进行心肺复苏。尽量限制进水、进食。

（5）密切观察患者呼吸、脉搏、瞳孔等生命体征的变化，同时迅速拨打急救电话，请专业医生进行诊治。

（6）要将患者迅速送往医院救治，转送时要平稳移动，减少震动和颠簸。急救要“四快”：快速识别、快速呼叫急救车、快速EMS转运并预先通知医院、快速送医院治疗。

十一、脑出血

脑出血属脑卒中的一种，是指脑部动脉、静脉或毛细血管破裂导致脑实质内的出血。原发性脑出血由高血压动脉硬化所致，继发性脑出血是指由某种疾病所致的脑出血。脑出血病死率与致残率都很高，是中老年高血压患者一种常见的严重脑部并发症。脑出血的特点是突然发病，常在白天发病。可由剧烈运动、饮酒、情绪激动等原因引起，少数患者发病前有头痛、头晕、视物模糊、肢体麻木等现象。重型脑出血表现为头部剧烈胀痛，突然倒地，大小便失禁，很快进入昏迷状态。脑出血的最高峰一般在上午8—9点，小高峰为午后3—4点，中午发生率相对降低，凌晨1—4点为低谷。凌晨发生率仅为上午的1/12。

（1）脑出血患者要仰卧，头部稍垫高，使下颌稍微抬起。头偏向一侧，防止痰液或呕吐物回流吸入气管造成窒息。如果有呕吐物阻塞，要及时清除，保持患者呼吸道通畅。

（2）未得到医师许可，不要给患者进食及饮水。有条件的可给患者吸氧。尽可能避免搬动和不必要的检查。

（3）避光和降温。头颈部、腹股沟区用冰袋冷敷或放置冰水毛巾，降低脑部温度，有利于减轻脑水肿和颅内压。如果有高热，可在腋窝、腹股沟等处采取冷敷，以降低脑代谢率和耗氧量，增加脑缺氧耐受力，从而降低颅内压。

（4）在医师明确诊断之前，切勿自行给患者使用止血剂。往医院运送患者时，至少安排3名救护者：一人托住头肩部，避免头部震动或扭曲；另一人托住背部和臀部；再一人托起患者下肢。三人一起用力，平抬患者移到硬木板上再转运。切忌让患者坐起。

十二、高血压急症

血压是指人体血管内的血液向前流动时对血管壁产生的侧压力，由于这种侧压力是在动脉血管上测得的，所以又叫动脉压。动脉压包含收缩压和舒张压两个数值，收缩压是指心脏在收缩时血液对血管壁的侧压力，舒张压是指心脏在舒张时血液对血管壁的侧压力。

世界卫生组织规定，在未使用降压药物的情况下，非同日多次测量，收缩压≥140 mmHg和/或舒张压≥90 mmHg为高血压。高血压可分为继发性高血压和原发性高血压。

高血压急症是指高血压患者在气候变化或精神受到某种刺激的诱因下，血压突然升高至220/120 mmHg以上，伴心、脑、肾和眼等靶器官受累的临床表现，患者出现头痛、眩晕、耳鸣、恶心呕吐、视物模糊、烦躁、两手抖动、意识渐渐不清等症状，严重者可出现心绞痛、暂时性瘫痪和失语。少数患者出现尿少、抽搐和昏迷，可危及生命。

（1）保持安静，卧位休息，疏导患者情绪，缓和心情。

（2）发病时可服用1片安定及平时医生开的降压药物。

（3）若患者意识不清，应注意保持呼吸道通畅。若呼吸、心搏骤停，立即实施心肺复苏。

（4）迅速拨打急救电话，在医生监护下急送医院。

（5）随时进行心电监护，应用静脉降压药物。

（6）送患者去医院的途中随时观察患者的血压、脉搏、呼吸及神志变化，异常情况下立即就地抢救。

十三、急性腹痛

急性腹痛有多种原因，从疼痛部位上看，右上腹痛者，多见于胆囊炎、胆石症、胆道蛔虫；左上腹痛者，多见于胰腺炎；中上腹痛者，多见于溃疡穿孔、急性胃炎等；肚脐周围痛者，多见于急性阑尾炎初期、肠蛔虫、肠梗阻；右下腹痛者，多见于阑尾炎、右侧输尿管结石、右侧附件炎等；左下腹痛者，多见于左输尿管结石、结肠炎。

（1）帮助腹痛患者卧床休息，取俯卧位可使腹痛缓解，也可双手压迫腹部缓解疼痛。

（2）如果身边有解痉药物可以马上让患者服用，可暂时缓解疼痛。

（3）腹痛剧烈且伴有呕吐、高热、血便时，应立即送医院诊治。

（4）在未确定病因之前，切不可滥用止痛药或做腹部按摩止痛，以免延误病情，影响诊断。在发生腹痛后，若短时间观察不见好转，应立即就医，查明病因，对症治疗。

十四、急性腹泻

短时间内排便数次、粪便稀薄不成形或排脓血样便者为急性腹泻。引起急性腹泻的原因有急性肠道感染、中毒、过敏性因素等。首先要区分是感染性腹泻还是非感染性腹泻，然后对症用药。

（1）让患者卧床休息，若是进食原因致腹泻，则马上停止进食。

（2）若能识别或判断腹泻原因，非感染性腹泻可服用黄连素、痢特灵等药物；感染性腹泻应服用抗生素治疗。最好在医院化验后，在医生的指导下服药。

（3）腹泻剧烈且伴有呕吐是比较严重的情况，要密切观察患者。

（4）如果腹泻伴疼痛难忍，马上呼叫急救，由专业医生诊治后，对症治疗。

十五、高原反应与高原病

由平原进入高原（海拔 3 000 m 以上，对机体产生明显生物效应的地区），或由高原进入更高海拔地区时，由于对低氧环境的适应能力不全或失调而发生的综合征，称高原反应，又称高原病。高原低氧环境引起机体缺氧是其病因。上呼吸道感染、疲劳、寒冷、精神紧张、饥饿、妊娠等为发病诱因。

该病一般分为急性和慢性两大类。急性高原病指初入高原时出现的急性缺氧反应或疾病，依其严重程度分为轻型（或良性）和重型（或恶性）。轻型，即反应型或急性高原反应；重型分为脑型急性高原病（又称高原昏迷或高原脑水肿）、肺型急性高原病（又称高原肺水肿）、混合型（即肺型和脑型的综合表现）。慢性高原病（又称蒙赫氏病）指抵高原后半年以上方发病或原有急性高原病症状迁延不愈者，少数高原世居者也可发病。高原病共同的临床表现有头痛、头昏、心慌、气促、恶心、呕吐、乏力、失眠、眼花、嗜睡、手足麻木、唇指发绀、心律增快等，其他症状和体征视类型不同而异。返回平原后迅速恢复是其特点之一。

1. 急性高原反应

急性高原反应指人由平原进入高原或由高原进入更高海拔地区后，机体在短时期发生的一系列缺氧症状，是机体对高原环境的一种应激性反应。

（1）适当休息，避免活动过多。

（2）注意饮食，宜食易消化、营养丰富、高糖及含有多种维生素的食物，少吃脂肪，进食不宜过饱。

（3）限制烟酒。

（4）初进高原的人，睡眠可采用半卧位。

（5）要有良好的心理素质，保持乐观情绪。

（6）症状较为严重时，及时就医对症治疗。

2. 高原肺水肿

临床早期症状有头痛、头晕、乏力、干咳或伴有少量黏液、发烧、恶心呕吐、烦躁不安、失眠、尿少。随后出现呼吸急促、困难，咳泡沫样痰（白色、黄色、粉红色）。干咳和咳粉红色泡沫样痰为本病的突出特点。

1）预防措施

进入高原前认真做好健康检查。初到高原一周内注意休息，避免过度疲劳，有条件时可低流量吸氧，积极预防或治疗感冒。患过高原肺水肿的人容易再次发病，不宜进入高原。

2）应急处理

吸氧、药物治疗，及时向低海拔地区转运。

3. 高原脑水肿

高原脑水肿又称高原脑昏迷，是指人体急速进入高原后，由于脑供氧不足而导致的以脑组织或脑细胞水肿为基本特征的一种急性高原病，主要临床表现是意识障碍。若治疗不及时，随时可发生生命危险。一旦发现有剧烈头痛、喷射状呕吐、精神萎靡、烦躁不安，甚至意识丧失、昏迷症状，就要给予吸氧、脱水降低颅压等治疗。待病情稳定后，立即送往低海拔地区进一步治疗。

1）昏迷前期治疗

绝对卧床休息，对以兴奋性症状为主的患者，给予镇静剂、高渗葡萄糖、能量合剂和地塞米松，吸氧流量为2～4 L/min。

2）昏迷期的治疗

（1）吸氧，流量为4～6 L/min。

(2) 使用脱水剂（甘露醇、呋塞米、高渗葡萄糖）。

(3) 应用地塞米松及能量合剂。

(4) 防止出血和控制感染。

3）预防方法

(1) 凡过去有癫痫、抽搐等病史者，不宜进入海拔 3 500 m 以上地区。

(2) 加强体质锻炼，提高机体适应能力，并以阶梯式缓慢进入高原。

(3) 进入高原初期发生高原反应时，一定要注意休息，保持健康心态，睡眠不好可适当吸氧。

(4) 进入高原后一旦出现早期症状，要及时报告、及时治疗。

车站医疗点如图 5－2－1 所示。

图 5－2－1　车站医疗点

任务训练

实训项目	旅客常见急症应急处置训练
实训目标	1. 结合实际，加深对旅客常见急症应急处置的认识与理解 2. 培养对旅客常见急症应急处置的学习兴趣
实训内容及组织	由教师组织，学生自愿组成小组，每组 6～8 人，选择以下题目进行旅客常见急症应急处置训练 1. 旅客发生晕厥应急处置训练 2. 旅客发生心绞痛应急处置训练 3. 旅客发生癫痫应急处置训练 4. 旅客发生高原反应应急处置训练
实训考核	1. 每组提交一份实训报告 2. 各组进行汇报 3. 教师根据各组的实训报告与课堂汇报进行评估

任务三

心肺复苏

能力目标

能够按照心肺复苏流程实施心肺复苏。

知识目标

掌握心肺复苏的步骤及相关要求。

相关知识

一、心肺复苏的步骤

心肺复苏术（简称 CPR）是基础生命支持技术，是针对呼吸和心跳骤停所采用的一种急救技术。心肺复苏的目的是重建呼吸和循环，挽救生命。心肺复苏是针对呼吸心跳停止的急危重症患者所采取的抢救措施，即用胸外按压形成暂时的人工循环并恢复自主循环，用人工呼吸代替自主呼吸，尽早电除颤转复心室颤动，以及使用血管活性药物，最终达到恢复自主循环的急救技术。心肺复苏术流程如图 5－3－1 所示。

“第一目击者”对呼吸心搏骤停的伤病员实施心肺复苏的具体步骤如下。

（一）判断意识

先在伤病员耳边大声呼唤：“喂！您怎么啦？”再轻拍伤病员的肩部，婴儿则拍击足跟。如伤病员对呼唤、轻拍无反应，婴儿不能哭泣，可判断其无意识。

（二）立即呼救

（1）列车呼救：边抢救边报告列车长，由列车长广播找医生、通知有关部门并组织抢救。

（2）现场呼救：当判断伤病员意识丧失，应该寻求他人帮助，在原地高声呼救：“快来人！救命！我是救护员，请这位先生（女士）快帮忙拨打急救电话！有会救护的旅客请和我一起救护。”

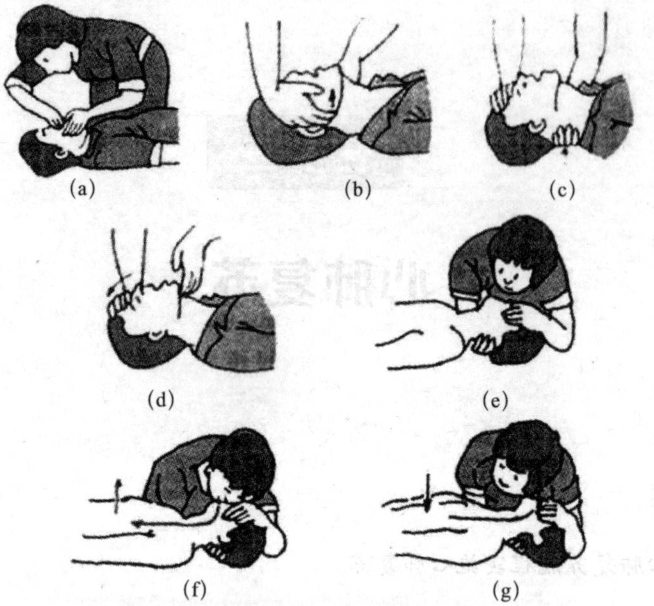

图5－3－1　心肺复苏术流程

（三）救护体位

对于呼吸心搏骤停的伤病员应将其置于仰卧位（心肺复苏体位），放在坚硬的平面上，救护员需要在检查后进行心肺复苏。若伤病员没有意识但有呼吸和循环，应让其采用侧卧体位（复原卧位），有利于分泌物从口中流出。

注意不要随意移动伤病员，有颈部外伤者需翻身时，为防止颈髓损伤，另一人应保持伤病员头颈部与身体在同一轴线上整体翻转，做好头颈部的固定。

救护员在实施心肺复苏术时，根据现场的具体情况选择位于伤病员一侧，将两腿自然分开与肩同宽跪贴于（或立于）伤病员的肩、胸部，有利于实施操作。

救护员位于伤病员一侧，将伤病员的双上肢向头部方向伸直，将伤病员远离救护员一侧的小腿放在另一侧腿上，两腿交叉，救护员一只手托住伤病员的后头颈部，另一只手插入远离救护员一侧伤病员的腋下或胯部，将伤病员整体地翻转向救护员侧，伤病员翻为仰卧位后，再将伤病员上肢置于身体两侧（如图5－3－2至图5－3－5所示）。

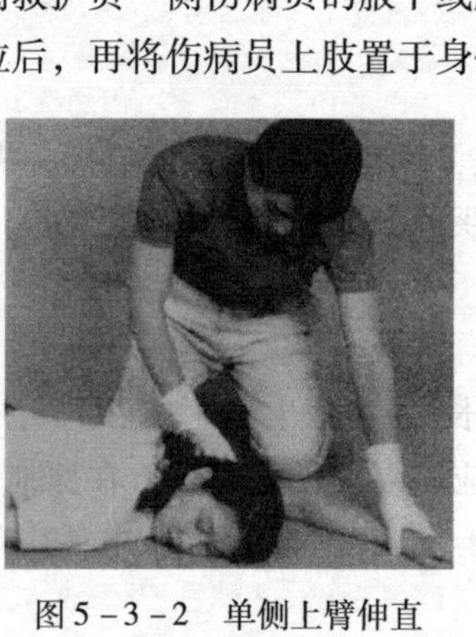

图5－3－2　单侧上臂伸直

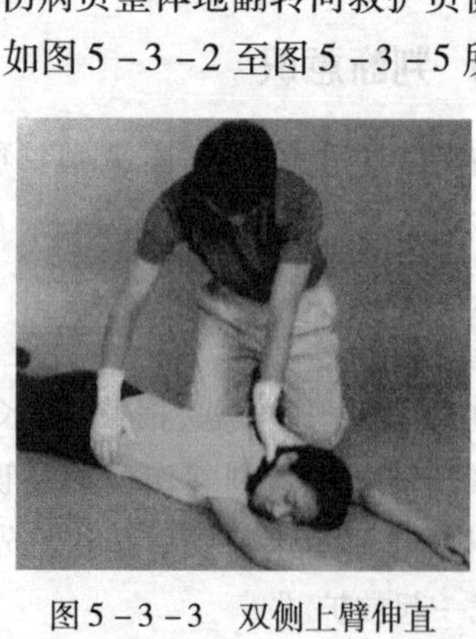

图5－3－3　双侧上臂伸直

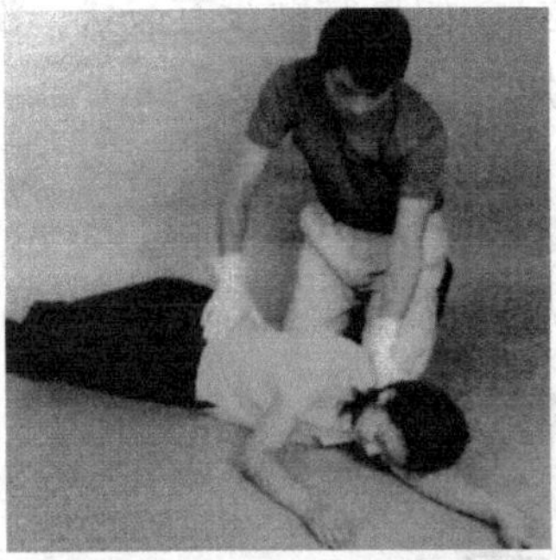

图5-3-4　保护颈部翻身

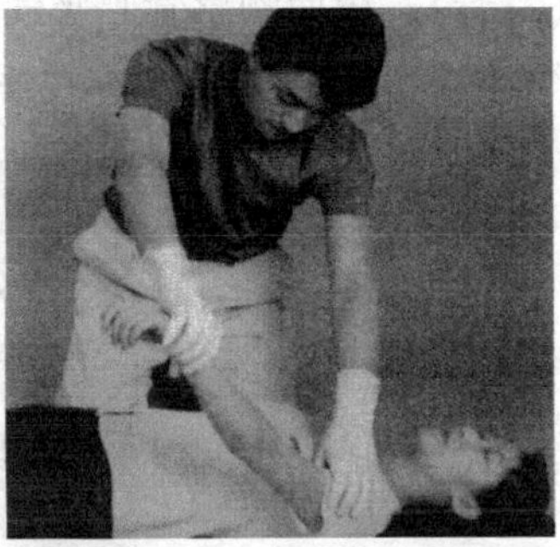

图5-3-5　心肺复苏体位

（四）打开气道

伤病员呼吸心搏骤停后，口腔内的舌肌松弛后坠而阻塞呼吸道。采用开放气道的方法可使阻塞呼吸道的舌根上提，使呼吸道畅通。

用最短的时间，先将伤病员的衣领、领带、围巾等解开，戴上手套迅速清除伤病员口鼻内的污泥、土块、痰、呕吐物等异物，以利于呼吸道畅通，再将气道打开。

1. 仰头举颌法

救护员将一手的小鱼际（手掌外侧缘）部位置于伤病员的前额，另一手食指、中指置于下颌并将下颌骨上提，使下颌角与耳垂的连线和地面垂直。救护员的手指不要深压颌下软组织，以免阻塞气道（如图5-3-6所示）。

2. 托颌法（抬拉颌法）

救护员将手放置在伤病员头部两侧并握紧伤病员的下颌角，用力向上托下颌，如伤病员紧闭双唇，可用拇指把口唇分开，如果需要进行口对口呼吸，则将下颌持续上托，用面颊贴紧伤病员的鼻孔。此法适用于怀疑有头、颈部创伤的伤病员（如图5-3-7所示）。

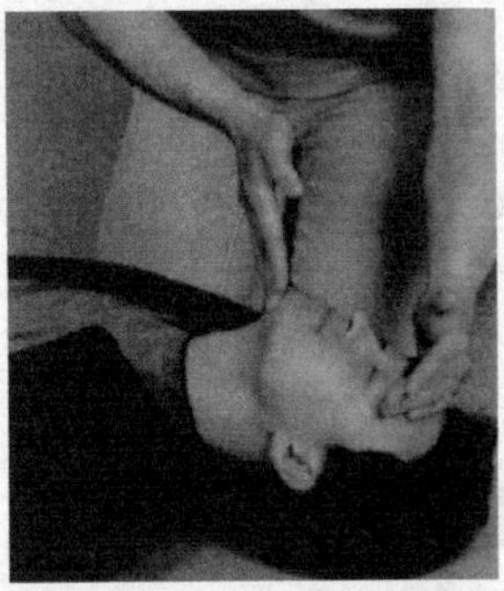

图5-3-6　仰头举颌法

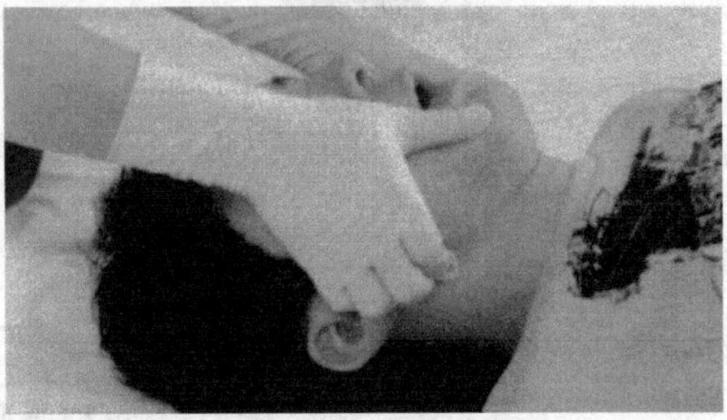

图5-3-7　托颌法

（五）判断呼吸

救护员将伤病员气道打开，利用视觉、听觉、感觉，判断伤病员有无呼吸（如图5-3-8所示）。侧头用耳听伤病员口鼻的呼吸声（一听），用眼看胸部或上腹部随呼吸而上下起伏（二看），用面颊感觉呼吸气流（三感觉）。如果胸廓没有起伏，没有气体呼出，没有呼吸声音，伤病员即不存在呼吸。判断时间为 5 ~ 10 s。

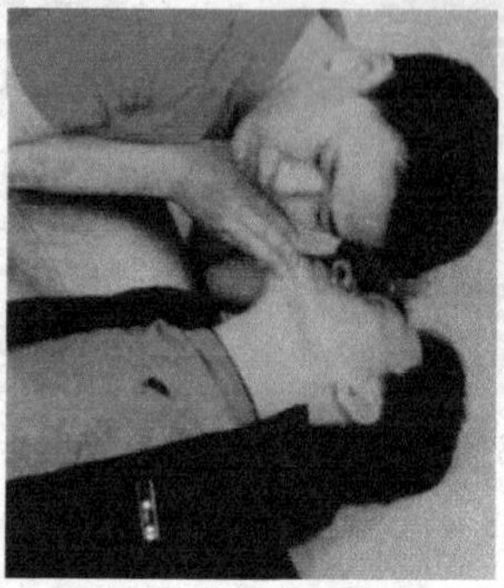

图 5 – 3 – 8　判断呼吸

（六）人工呼吸

救护员经检查后，判断伤病员呼吸停止，应在现场立即给予口对口（口对鼻、口对口鼻）、口对呼吸面罩等人工呼吸救护措施。

（七）检查循环体征

判断心跳（脉搏）应选大动脉来测定有无搏动。对成人及儿童触摸颈动脉，对婴儿触摸肱动脉，在 5 ~ 10 s 内判断伤病员有无心跳（如图 5 – 3 – 9、图 5 – 3 – 10、图 5 – 3 – 11 所示）。

图 5 – 3 – 9　对成人触摸颈动脉

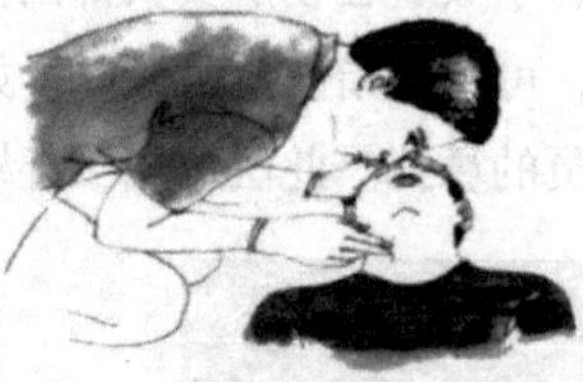

图 5 – 3 – 10　对儿童触摸颈动脉

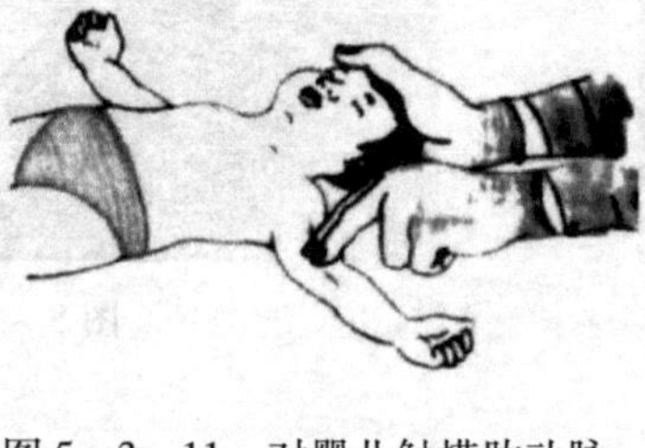

图 5 – 3 – 11　对婴儿触摸肱动脉

颈动脉：用一手食指和中指置于颈前正中部（甲状软骨），手指从颈前正中滑向甲状软骨和胸锁乳突肌之间的凹陷，稍加力度触摸颈动脉的搏动。

肱动脉：肱动脉位于上臂中点内侧，稍加力度检查是否有搏动。

（八）人工循环

救护人员判断伤病员已无脉搏搏动或在危急中因摸不清脉搏而不能判明心跳是否停止时（不要反复检查耽误时间），要在现场立即进行胸外心脏按压，及时进行救护。

1. 胸外心脏按压的原理

在对胸部按压时，位于胸骨与脊柱之间的心脏被挤压，推动血液向前流动。而当胸部按压解除时，心室恢复舒张状态，产生吸引作用，使血液回流，充盈心脏。

在心肺复苏时，正确的胸外心脏按压能产生 60～80 mmHg 的动脉收缩压，从而使血液在血管内流动。

2. 胸外心脏按压的操作

1）成人

定位与操作：胸部正中，乳头连线水平（胸骨下 1/2 处）（如图 5－3－12 所示）。

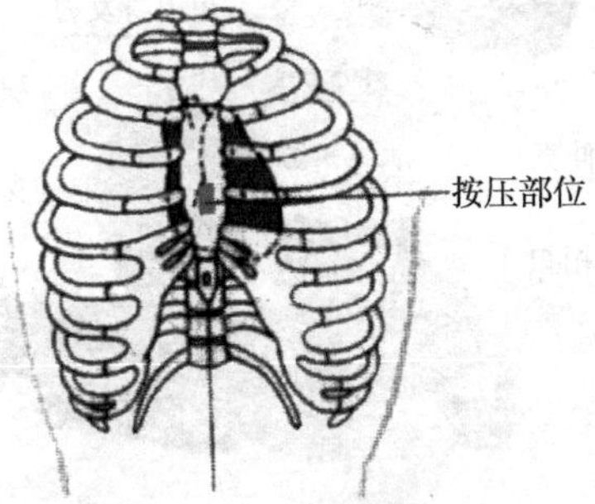

图 5－3－12　胸外按压位置

救护员一手的中指置于伤病员一侧肋弓下缘，中指沿肋弓向内上滑行到双侧肋弓的汇合点，中指定位于此处，食指紧贴中指并拢。救护员另一只手的掌根部贴于第一只手的食指并平放，使掌根部的横轴与胸骨的长轴重合，定位之手放在另一只手的手背上，双手掌根重叠，十指相扣，掌心翘起手指离开胸壁（如图 5－3－13、图 5－3－14、图 5－3－15 所示）。

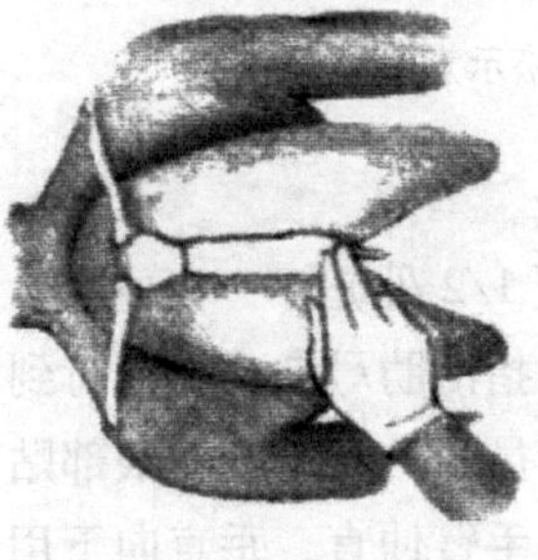

图 5－3－13　中指定位

图 5－3－14　掌根重合胸骨长轴

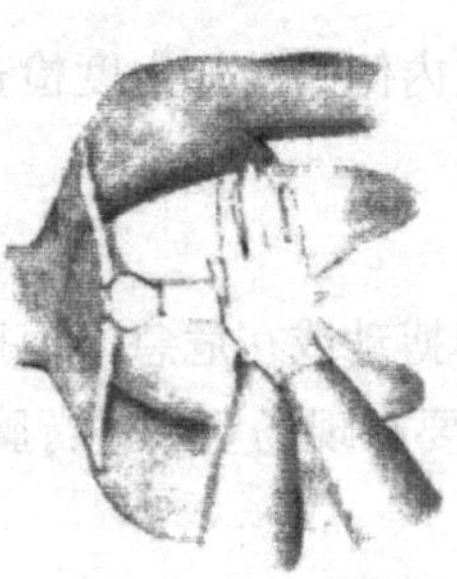

图 5－3－15　双手掌根重叠

救护员的上半身前倾，腕、肘、肩关节伸直，以髋关节为轴，垂直向下用力，借助上半身的体重和肩臂部肌肉的力量进行垂直按压，按压深度 4～5 cm，放松时掌根不要离开胸壁（如图 5－3－16、图 5－3－17 所示）。按压频率为每分钟 100 次，按压与吹气之比为 30∶2。

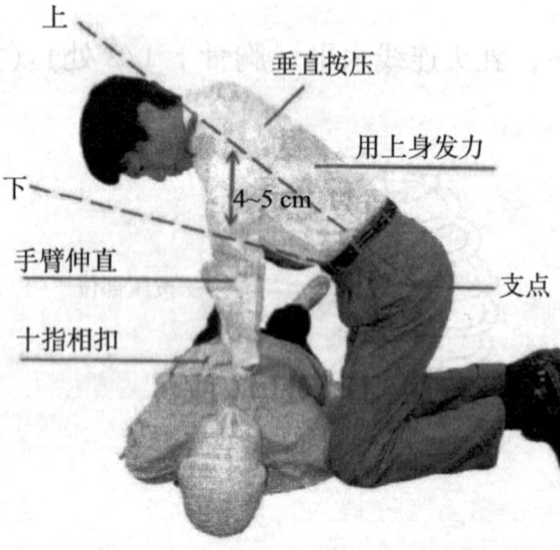

图 5－3－16　成人胸外按压姿势

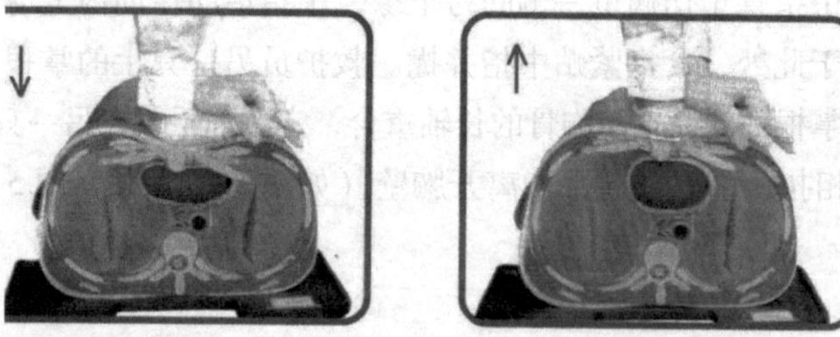

图 5－3－17　胸外按压、放松示意图

2）儿童：年龄 1～8 岁

定位与操作：胸部正中，乳头连线水平（胸骨下 1/2 处）。

救护员一手的中指置于伤病员一侧肋弓下缘，中指沿肋弓向内上滑行到双侧肋弓的汇合点，中指定位于此处，食指紧贴中指并拢。救护员另一只手的掌根部贴于第一只手的食指并平放，使掌根部的横轴与胸骨的长轴重合，手臂伸直，垂直向下用力按压，按压深度 2. 5～4 cm，放松时掌根不要离开胸壁。按压频率为每分钟 100 次，按压与吹气之比为30:2。

3）婴儿：年龄小于1岁

定位与操作：胸部正中，紧贴乳头连线下方水平。

救护员用一手食指置于婴儿两乳头连线与胸骨交界处，中指、无名指与食指并拢置于胸骨上，将食指抬起，中指、无名指同时用力垂直向下按压，按压深度1.5～2.5 cm，放松时手指不要离开胸壁。按压频率为每分钟100次，按压与吹气之比为30:2。婴儿胸外按压示意如图5－3－18所示。

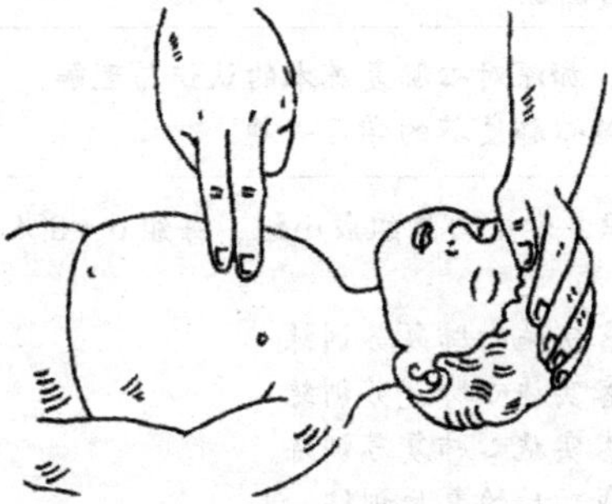

图5－3－18　婴儿胸外按压示意

二、心肺复苏有效指征及复原位

（一）心肺复苏有效的表现

如果实施心肺复苏的方法正确，又有以下征兆时，表明心肺复苏有效：

（1）面色、口唇由苍白、青紫变红润；

（2）恢复可以探知的脉搏搏动、自主呼吸；

（3）瞳孔由大变小、光反射存在；

（4）病人眼球能活动，手脚抽动，呻吟。

（二）心肺复苏的终止条件

现场心肺复苏应坚持连续进行。在心肺复苏连续进行期间，即使需要检查呼吸、循环体征，也不能停止超过10 s。如有以下各项可考虑停止：

（1）患者自主呼吸及脉搏恢复；

（2）有他人或专业急救人员到场接替。

现场救护人员不能够在现场凭主观判断病人死亡而放弃抢救。

（三）心肺复苏成功后复原（侧卧）位

心肺复苏成功后或伤病员无意识但已恢复呼吸及心跳，应将伤病员翻转为复原（侧卧）位。

（1）救护员位于伤病员一侧，将靠近自身的伤病员的手臂肘关节屈曲成90°，置于头部侧方。

（2）将伤病员的另一手臂肘关节弯曲，置于胸前。

（3）将伤病员远离救护员一侧的下肢屈曲，救护员一手抓住伤病员的膝部，另一手扶住伤病员的肩部，轻轻将其翻转成侧卧姿势。

（4）将伤病员置于胸前的手掌心向下，放在面颊下方，将气道轻轻打开。

任务训练

实训项目	心肺复苏内容训练
实训目标	1. 结合实际，加深对心肺复苏术的认识与理解 2. 培养对实施心肺复苏的学习兴趣
实训内容及组织	由教师组织，学生自愿组成小组，每组6~8人，选择以下题目进行心肺复苏内容训练 1. 为成人旅客实施心肺复苏训练 2. 为儿童旅客实施心肺复苏训练 3. 为婴儿旅客实施心肺复苏训练 4. 心肺复苏成功后的复原训练
实训考核	1. 每组提交一份实训报告 2. 各组进行汇报 3. 教师根据各组的实训报告与课堂汇报进行评估

复习思考题

1. 旅客人身伤害应急处置的要求包括哪些内容？
2. 客运记录包括哪些内容？
3. 如何处理车站、列车上发生的旅客食物中毒事件？
4. 如何处理车站、列车发生的重大疫情事件？
5. 旅客冠心病发作时如何处理？
6. 旅客发生脑出血时如何处理？
7. 旅客发生急性腹痛时如何处理？
8. 心肺复苏的概念及目的是什么？
9. 心肺复苏包括哪些步骤？

课程思政教学设计

项目	思政元素	思政元素教学融入
高速铁路客运安全基础	1. 遵章守纪 2. 廉洁自律 3. 使命与担当 4. 安全意识和素养	1. 坚持以人民安全为宗旨，坚持安全第一、预防为主； 2. 通过引入规章内容的学习，提高防灾减灾救灾处置保障能力； 3. 做社会主义法治的忠实崇尚者、自觉遵守者、坚定捍卫者
高速铁路客运安全与治安事件处理	1. 社会责任意识 2. 热爱劳动 3. 集体精神 4. 团队合作精神	1. 安全是铁路的生命线，作为铁路工作人员要履职尽责，保证旅客运输安全； 2. 非正常情况时，要执行命令，听从指挥，快速处置； 3. 运用科学合理的手段处理应急事件
高速铁路客运作业安全	1. 工匠精神 2. 爱岗奉献精神 3. 创新精神	1. 引入真实服务案例，把旅客当作亲人，急旅客之急、解旅客之难； 2. 不断学习服务技能，让旅客的出行体验更加美好； 3. 创新服务内涵，提升服务理念。锻炼良好的心理素质、责任意识及应变能力，为守护铁路运输安全贡献力量
高速铁路客运应急处置	1. 集体意识 2. 团结合作精神 3. 科学思维 4. 勇于担当精神	1. 通过复兴号动车组应急设备的使用，坚持科技自立自强的理念； 2. 通过引入非正常情况应急处置案例引导学生牢记“人民铁路为人民”的初心和使命； 3. 为确保旅客顺利出行，客运服务人员要具有一定的综合指挥能力； 4. 为确保动车组列车运行安全，行车指挥工作至关重要，各个环节都不能出错。培养一丝不苟的工作态度
高速铁路旅客病伤应急处置	1. 恪尽职守 2. 吃苦耐劳 3. 精益求精的服务精神 4. 中华优秀传统文化	1. 通过引入高速铁路旅客病伤应急处置案例，引导学生坚持人民至上，主动防范化解风险； 2. 深刻领会铁路人的“工匠精神”，做到以人为本，贴近旅客生活需求； 3. 互帮互助，加强中华优秀传统文化教育

参考文献

[1]《列车乘务员急救手册》编委会．列车乘务员急救手册：插图版［M］．北京：中国铁道出版社，2017.
[2] 中国国家铁路集团有限公司．铁路运输调度规则（高速铁路部分）［S］．北京：中国铁道出版社有限公司，2022.
[3] 中华人民共和国交通运输部．铁路旅客运输规程［S］．北京：中国铁道出版社有限公司，2022.
[4] 国家铁路局，公安部．铁路旅客禁止、限制携带和托运物品目录［S］．北京：中国铁道出版社有限公司，2022.
[5] 中国国家铁路集团有限公司．铁路旅客运输安全检查管理规则［S］．北京：中国铁道出版社有限公司，2022.
[6] 中国国家铁路集团有限公司．中国国家铁路集团有限公司铁路旅客运输规程［S］．北京：中国铁道出版社有限公司，2024.
[7] 中国国家铁路集团有限公司．铁路旅客运输服务质量规范［S］．北京：中国铁道出版社有限公司，2025.